郝寿臣先生
诞辰130周年
纪念集

北京戏曲艺术职业学院
北京市艺术研究所 编

学苑出版社

图书在版编目（CIP）数据

郝寿臣先生诞辰 130 周年纪念集 ／ 北京戏曲艺术职业
学院，北京市艺术研究所编 ． — 北京 ：学苑出版社，
2023.10

ISBN 978-7-5077-6804-6

Ⅰ ． ①郝… Ⅱ ． ①北… ②北… Ⅲ ． ①郝寿臣（1886-
1961）－纪念文集 Ⅳ ． ① K825.78-53

中国国家版本馆 CIP 数据核字 (2023) 第 204298 号

出 版 人 ：洪文雄
策 　 划 ：潘占伟
责任编辑 ：王见霞
出版发行 ：学苑出版社
社 　 址 ：北京市丰台区南方庄 2 号院 1 号楼
邮政编码 ：100079
网 　 址 ：www.book001.com
电子信箱 ：xueyuanpress@163.com
联系电话 ：010-67601101（销售部）　 010-67603091（总编室）
印 刷 厂 ：北京华强印刷有限公司
开本尺寸 ：787 mm×1092 mm　 1/16
印 　 张 ：11.25
字 　 数 ：156 千字
版 　 次 ：2023 年 10 月第 1 版
印 　 次 ：2023 年 10 月第 1 次印刷
定 　 价 ：98.00 元

郝寿臣（1886—1961）

郝寿臣便装照

梅兰芳、老舍、郝寿臣（台上右侧立者）出席首届毕业生毕业典礼

郝寿臣（右一）、尚小云先生与学生交谈

郝寿臣与学生合影

前排左起：吴一平、袁中治、孟宪达　后排左起：王福来、周万江、孟俊泉、马永安　中为郝寿臣校长

郝寿臣校长给京剧 58 班学生上课

郝寿臣校长亲授《沙陀国》

郝寿臣校长亲授《醉打山门》

郝寿臣校长（左五）陪同外宾观看演出

《青梅煮酒论英雄》郝寿臣饰曹操

《醉打山门》郝寿臣饰鲁智深

《醉打山门》郝寿臣饰鲁智深

《李七长亭》郝寿臣饰李七

郝寿臣先生诞辰130周年纪念集

《李七长亭》郝寿臣（右二）饰李七

《八蜡庙》郝寿臣（左一）饰金大力

《沙陀国》郝寿臣饰李克用

郝寿臣先生诞辰130周年纪念集

《红逼宫》郝寿臣饰司马师

《打龙棚》郝寿臣饰郑恩

15

《除三害》郝寿臣饰周处

《黄一刀》郝寿臣饰铫刚

《法门寺》郝寿臣饰刘瑾

目 录

郝寿臣与老舍

胡絜青*

　　早年，我常随母亲到前门外的华乐戏院，即现在的大众剧场看郝寿臣先生演的京戏，最爱看他在《桃花村》中演的那个祖胸露肚、豪爽洒脱的花和尚鲁智深。谁知老舍原来也是个"郝迷"，他说郝先生《赛太岁》中的李七，真是演活了。1933 年，我跟老舍结婚以后，就常一块儿去看郝老的戏，《黄金台》的伊立、《捉放曹》的曹操，等等，我们都爱看。

　　新中国成立后，老舍与郝老一起共事。郝老因幼而失学，一向对文化人特别敬重；老舍对郝老敬佩笃深。1952 年郝老任民办艺培戏校校长，倾心办学传艺，老舍应聘兼任该校董事，常出谋划策不遗余力。那时，我常陪老舍到北京南下洼子，一个在破庙办的戏校去看学生彩排。看完后，老舍常给报社写一些观后感。为此，从不善应酬的郝老和沈玉斌曾专程登门致谢，说老舍是"戏校热心的扶植者和义务宣传员"。那时候，戏校靠义演筹

　　＊胡絜青（1905—2001），女，满族，著名作家老舍的夫人，一级美术师。历任中国画研究会常务理事、中国美协会员、中国书协会员、满族书画研究会会长、北京文联顾问、中国画研究会顾问、北京中国花鸟画研究会顾问等。本文引自《北京戏曲艺术职业学院 55 周年院庆专辑》。

款，困难很多。郝老不但是义务校长，还捐赠给学校许多家具和戏中的道具。直到北京市政府接管戏曲学校，改名为北京市戏校，郝老才有了工资，这也是老舍对戏校有求必应的主要原因。

有一次，郝老教完《刺王僚》，专程请老舍去看学生彩排。老舍明知郝老此来必有所为，但他们都不明说。那天看完彩排，老舍让郝老把那段【二六】唱腔再哼一遍，这时他们都会意一笑。

原来这段唱为花脸唱腔所少见，但唱词有迷信色彩，所以特烦老舍来改词，而老舍听完这段唱也就明白了郝老大驾光临的意图。他说这段唱的要害在一个"梦"字上，只改一句词就可以了。说着写了一张纸条："孤昨晚得一梦实少有"改为"孤昨晚郊外去饮酒"。郝老看过连声说"妙"。那时，他们合作得就是这样和谐默契。

我们最后一次在怀仁堂看郝老演出《群英会》，他已年逾古稀。那天演完戏，他的彩裤被汗水浸透了，但在舞台上光彩依然。1960年，郝老为他的脸谱集在大北照相馆补拍剧照。我和老舍应邀前往看他勾脸化妆。同是扮演一个角色，郝老对壮年和衰年用高勾和低勾加以区别；张飞天庭饱满，他反而把团圆光画小；勾眉子、眼窝，他由浅到深，层层施墨，取得立体感；鼻孔，再由内而外，用力挑出，那是艺术夸张，又具生活真实。几乎每一线条，他都依其章法来深思熟虑，时而泼墨如晕，时而惜墨如金。亲睹郝老艺术创造这一剧照后，老舍在为脸谱集作序文时，表示了由衷的敬佩。

今当郝老百年诞辰，我想用老舍先生一段序赠给郝派艺术传人："不只师其法式，且需探索其何以富神采的原因，也就是学习他在继承传统的基础上，不断革新创造的精神。"

郝寿臣先生二三事

王松声

　　我和郝老相识是在新中国刚刚成立的时候。当时，我正在北京市文化事业管理处工作。有一天，连阔如先生来找我说，最近郝先生听到他小孙孙放学回家常讲一些新中国的新气象，心情振奋，想出来看看。我当即请连阔如先生引见，约定日期陪我登门拜访了郝先生。当时郝先生已年过六旬，息影舞台多年，蓄起了长长的胡须，闭门谢客颐养天年。见面后，相谈甚欢。他说："人老了，还能赶上盛世，常常听到戏曲界的同人们说起天桥讲习班的一些新人新事，感到很新鲜，想出去见见世面。"我回来和王亚平同志商议（当时他任北京市文化处处长），想找机会请郝先生参加一些文艺界的活动。1950 年 11 月，中央文化部召开第一次全国戏曲工作会议，讨论戏曲改革问题，我们向文化部推荐郝先生作为北京市的特约代表参加了会议，并派专车每天接送。会上郝先生积极发言，特别是对培养接班人问题，提了许多很好的建议，会后形成了一个重要文件——《政务院关于戏曲改革的指示》，于 1951 年 5 月 5 日向全国颁布，即戏曲界都知道的"五五指示"。它推动了全国戏曲改革工作广泛深入地向前发展，也扩展了郝先生的视野。

会后郝先生表示："戏曲改革需要戏曲界同人们共同努力，如有用我之处，当竭尽绵薄之力。"当时北京市京剧公会正向市文化处申请筹办私立艺培戏曲学校。我们考虑，私立办学力量薄弱，政府应当出面帮助京剧界把这个戏曲学校办好。正式请示了吴晗副市长，并经彭真同志批准后，决定由市文化处正式接管艺培学校，成立了"北京市戏曲学校"，并决定正式聘请郝先生出山，担任校长。我记得第一次陪同郝先生来到"松柏庵"时，沈玉斌同志打开了铁锁，推开了山门，但见一地蒿草，满院荒凉。郝先生却又风趣又豪迈地说："我们就要在这里安营扎寨，成家立业了！"岁月匆促，时间过去了四十多年，郝先生的预言变成了现实，当年的"松柏庵"如今已发展成了规模宏伟、设备完善的现代化戏曲学府。郝寿臣校长、马连良校长、佟志贤校长和几代老教师们用心血培育的一茬茬幼苗如今都已茁壮成材了。当前北京戏曲舞台上活跃的一支中年骨干力量正是当年郝先生门前的芬芳桃李。

近年来，北京市戏曲学校办得日新月异、人才辈出，也正是孙毓敏校长——这个北京市戏校第一批毕业的高才生，郝先生的优秀学生，继承了郝先生的遗志，在新的历史时期，新的戏曲舞台上把老戏校办出了新水平，创造出新业绩。郝先生地下有知也当含笑九泉了。

还有一件值得纪念的事情。约在 20 世纪 50 年代初春夏之交，北京市委在东交民巷原德国大使馆内办公，院里有一座小礼拜堂，经过装修改成了小礼堂，搭了个小舞台，可以进行小型演出。有一天，彭真同志把我找去说："听说你和郝先生比较熟悉，你看咱们能不能请郝先生出来在咱们小礼堂演场戏，请毛主席看。毛主席说过，当年在北大图书馆工作时，曾看过郝先生的《醉打山门》，至今还念念不忘呢！"我听后既兴奋又有点为难。因为郝先生已息影舞台多年，而且胡须已蓄得很长了，这么多年来没有谁和他提出再出山演戏。再说我知道，当时请毛主席到北京市来看戏，这是机密大事，事先绝不能向外透露。彭真同志见我有点犹豫，说："你去设法和老先生好好商量，不要勉强。"我抱着试试看的心态到郝先生家里去，转弯抹角地和先生说："最近市委修了个小礼堂，彭真同志打算借机会请几位中央负责同志来看场京戏，还特别想念你早年演的《醉打山门》，你看行吗？"郝先生马上道："请谁，有毛主席吗？"我笑着说："不知道。"郝先生瞪着眼，怔怔地看了我半天，忽然一拍大腿说："我今儿个是耗子要舔猫的鼻梁骨——豁出去了。你告诉彭市长吧，演！"说完就拉着我兴奋地进了他家附近的一家澡堂子。这家浴池的职工都和郝先生很熟，见面都热情地打招呼说："郝先生红光满面，要有喜事临门。"郝先生在浴池里泡得大汗淋漓，忽然来了兴致，喊了两嗓子，果然声如洪钟，声震屋瓦。职工们拍手赞叹说："郝先生宝刀不老！"泡完澡，郝先生请理发师把胡须给他刮了去，职工们又一阵欢呼说："郝先生真的要出山！"

洗完澡，回到家里。郝先生派人去找袁世海，让他给郝先生准备《醉打山门》的行头，因为郝先生谢绝舞台后，已把全部行头给袁世海了。同时打发人去找萧长华老先生，请他第二天到家里一起说戏。至于整个晚会的戏码和正式演出时间等我回去确定。我向彭真同志汇报后，大家都非常高兴。中央文化部派了马彦祥同志协助市文化处戏曲科的同志做了统筹安排。演出戏码定了三出，开场是吴素秋、贯盛习的《游龙戏凤》，压轴是郝先生和萧先生的《醉打山门》，大轴是李少春、袁世海的《连环套》。演出时间定在第三天下午。记得少春同志最初接到任务还不愿演，因为经过天桥戏曲界讲习班学习后，认识到黄天霸是个官府特务，如今再演思想感情上觉得很别扭。后来经过做工作，他才答应演了。

演出当天，毛主席在彭真同志陪同下看得饶有兴致，《醉打山门》一剧，郝、萧二老已多年不演了，毛主席也多年不看了。演得很认真，看得也很认真。戏中间有一个身段，酒保躺在地下，跷起一条腿，鲁智深站在旁边抱着酒坛子也抬起一条腿，两只脚要蹬在一起，有一个优美的亮相。也许由于两位老先生年龄太大了，也许因为毛主席在台下看戏，一时走神，两脚相遇时，打了个趔趄，毛主席吓了一跳，担心两位老先生出事。《醉打山门》演完卸妆后，毛主席特别请了两位老先生到前台来，坐在他和彭真同志中间，陪着看《连环套》。席间嘘寒问暖，交谈甚欢。毛主席特别要彭真同志叮嘱我们："二位老先生年事已高，以后要多加保护，不要随便邀老先生们演出。"这以后我们就不敢再惊动两位老先生。抗美援朝后，全国文艺界都行动起来，纷纷举行义演，捐献飞机大炮。北京戏曲界举行义演时，郝先生积极主动地要求，演了次《李七长亭》。那一年，十大元帅授勋时，在怀仁堂又演了一次《龙凤呈祥》，戏中梅兰芳先生和程砚秋先生分饰孙尚香，马连良饰乔玄，谭富英饰刘备，李少春饰赵云，裘盛戎饰孙权，李多奎饰国太，叶盛兰饰周瑜，最后又把萧老先生请出来饰乔福，把郝先生请出来饰张飞，演到芦花荡时，张飞不做渔家打扮，而是扎靠持长矛，一派大将风度。如今想来，像这样一个演出阵容，恐怕是此曲只应天上有了。

这场晚会，毛主席和老帅们一起观看了，会后也没有对郝、萧二老参加演出之事进行责问，倒是郝先生演出后感到很兴奋，并说以后有机会再给毛主席演。如今想来，这的确是一次值得纪念的演出了。

郝先生的音容笑貌一直活跃在我的心里，暮年情切，老而弥笃。

忠诚艺教事业 悉心培育后代

——记首任校长郝寿臣

佟志贤*

郝寿臣先生不仅是成就卓著的京剧表演艺术家，而且是对戏曲事业做出重大贡献的教育家。

中华人民共和国成立以后，曾在旧社会历尽坎坷，息影十年的郝先生，喜逢盛世，如沐春风，他那献身梨园的强烈愿望重又萌发起来。1952 年初，在政府和同人的重托之下，慨然受命任"北京私立艺培戏曲学校"（北戏前身）校长之职。为培育京剧后代，无私地奉献出耄年风华，在拓荒耕耘的艺苑苗圃中，倾注下全部心血，积累下许多可贵的经验。今天，借鉴往事，对于发展和改革戏曲教育事业当会深有教益。

一、明确的办学宗旨

旧社会戏曲培养人才，只有办科班和私人授徒两种形式。而那时，囿于

---

* 佟志贤（1931—1999），男，北京人，1984 至 1991 年在北京市戏曲学校任校长，本文引自《北京戏曲艺术职业学院 50 周年院庆专辑》。

世俗和经济条件，只能采取"以班养班"的办法，通过教戏、演戏维持生计。虽然有些教学经验可供参考，但从时代的发展和社会需求来说，今天要培养戏曲人才，则是一项需要探索和开拓的新事业。

郝先生积数十年之经验，对于培养什么样的后继人才问题，早有自己的见解。他感到，戏曲艺术既有"高台教化"的作用，作为演员就应具有良好的道德品质、丰富的文化知识和出色的表演技能。早在20世纪20年代，他就设想过创办一个既学专业又学文化的新型学校，并在同业中倡导此事，但未能如愿。新中国成立以后，万象更新，郝先生耳闻目睹和学习体会，认识上又提高一步。所以，莅任之初，即在校务会议上提出要以"新思想为指导，培养具有优良品质、文化知识和专业技能人才"的办学宗旨。一位在旧时代生活数十年的老艺术家，新中国成立初期能够提出如此鲜明的办学思想，确属难能可贵，尽管认识还比较粗浅，但这一主导思想，却为学校的建设和发展，确立了正确的方向。他的办学方针和教育思想，在教学实践中，经历了三个阶段，逐渐发展完善起来。

建校之初为第一阶段。郝先生通过自己的切身感受，明确认识到演员没有好的品质，没有文化知识，既不能理解自己的社会责任，又很难创造真正完美的艺术。若改变这种状况，必须从培养一代新人入手，加之新中国成立后学习中国共产党的方针政策，这一思想更加清晰明确了。因而在主持招收第一期学员时，即明确规定了文化教学占百分之三十的课程比例，设置了文史、政治、算术、自然等必修课程，保证了学员们文化基础知识的学习。对学员思想品德的教育，基于当时的认识水平，他向全校教职工提出了克服旧戏班的陋习，废除打骂体罚，端正言谈举止，发挥表率作用的要求，并拟定"尊师爱生课堂教学公约"，作为师生的共同守则。

他严于校训，对渎职或违纪的师生，果断处理，毫不手软。这些严明校纪的措施，在师生间引起强烈的震动，学校正气大为增长。他重视言传，更注重身教，处处以实际行动做师生的楷模。无论严寒酷暑，都准时到校，严肃认真、毫不懈怠、满腔热情地教育学生，注重长者的言谈举止，待人亲切；每逢公演，必提前到场，为同学化妆把场，以高度负责的精神为观众服务。1954年，学校参加了慰问解放军的活动，他更是满腔热情地奔走，全力组织师生演出。一次冬夜飞雪，又是露天演出，老人一直坚守在幕边到晚会结束。这种严肃认真、全心全意为战士服务的精神在师生心目中留下了深刻印象。

郝先生对于培养"全面发展人才"认识的第二阶段，始自1956年。这时，一方面是"三大改造"已胜利完成，国家开始进入社会主义建设时期，各行各业都掀起了学习政治的热潮，教师们无限欣欣鼓舞，加深了在思想理论方面的认识；另一方面，随着学生年龄的增长，思想日趋复杂，如师生团结、学习态度、作风品质以及人生观、艺术观方面的问题等，已开始暴露出来。面对这种情况，他更感到对学生的思想品德教育之重要，也更加深和明确了培养"全面发展人才"的自觉的理性认识。

为此，他从三个方面，加强了对学生的思想品德教育：

第一，教育师生树立艰苦创业的好校风。

通过实践，他深感一所学校如果没有良好的校风，很难培养出品学兼优的人才来。为此，他经常以自身在新旧社会的不同经历向师生阐明：学校之所以能"从无到有，从小到大地发展起来，都是党的领导和政府关怀的结果"，要师生永远勿忘建校初期之艰苦。那时有许多教学用具是老师们无偿献给学校的，但他从不谈是他带的头，更不谈他献出的东西比别人多得多。那时校舍困难，学生走读。师生们在露天地里练功排戏，每天还要披星戴月赶路。阴雨天气，学校地处的南下洼四面积水，为了同学安全，教师常打起赤脚背学生进校。为使学生热爱学校，增强劳动观念，他利用扩建校舍时机，组织师生参加义务劳动，并发动每人植树一棵，美化校园，激发大家热爱学校的感情，树立艰苦奋斗的作风。

他决不宽恕同学们出现的不良倾向：如不遵守课堂纪律及排练纪律，不尊重老师教导，以及男女同学之间庸俗的嬉笑打闹等现象。一次，有个同学无故损坏了练功教具。在全校大会上，他痛惜地说："学校经费困难，每件公物都来之不易，这种行为既影响大家学习，又违反了校风校纪，实属害群之马。"他要求犯错误的同学当众承认错误并做出保证认真改正。不久，他提议学校举办了"热爱公物展览"，使同学们受到一次生动深刻的教育。从此同学不但养成了珍惜学校"一草一木"的好习惯，还自发组织了各种维修小组，利用课余时间修制练功用具，拆洗缝补戏衣。一时间，"以校为家，勤俭办学"的思想，蔚为风气。

第二，培养同学树立勤奋学习的好学风。

正确的学习态度是完成各项学业的重要保证，因此他始终重视学习态度的教育。但是，伴随同学进入中级，学业成绩自然出现了差异和距离，优者自满，劣者悲观，重专业轻文化，重戏轻功等问题也渐渐滋长起来。面对这种情况，他坚持说服教育的同时，经常深入课堂、功棚、排演厅，严格把住考试、彩排和演出质量三关。凡遇态度不端正或质量不合格者，则要求老师严格教育，重新考核。他还动员年长的同学为小同学做出榜样，并要他们担起帮助小同学完成学业的任务。正是这种严肃认真的治学作风，使同学们从被动的约束中渐渐醒悟，自觉地树立起正确的学习态度。许多同学为取得优异成绩，埋头苦学，更有的同学"撕腿"睡觉，或半夜偷起练功，这些做法虽不值得提倡，但显示了勤奋学习的精神。

学习戏曲表演艺术，个人的素质和天赋条件是能否成才的重要因素。因而，有的同学把个人的良好条件当成资本，不思刻苦；有的则因条件较差而产生悲观情绪，自暴自弃。所以，打破唯条件论是调动同学积极性的重要课题之一。郝先生根据自身经历和许多前辈成才的经验，说明勤奋学习的重要，要大家树雄心，立大志，勇于攀登艺术高峰。当他看到武旦组的赵惠英身体素质较差，却能刻苦学习并取得优秀成绩时，便以她为典型在全校大会上表彰，当场把自己参加全国先进工作者代表大会得到的金笔转赠给她，以资鼓励。这种树立典型的教育方法，在全校掀起了"比学赶超"的学习热潮，收到了很好的效果。

第三，教育师生树立正确的艺术价值观。过去曾有"戏曲界是一种名利行业"的说法，影响所及，在梨园行中产生了"同行是冤家"以及"艺术私有"等错误观点，使一些教师缺乏明确的教学目的，把学生视为私有，当成争名逐利的手段，学生则没有正确的学习目的，缺乏全面锻炼的要求，陷于专业第一、艺术至上等狭小天地。针对这种情况，郝先生在实践中因势利导，现身说法，不断向师生讲述新旧社会戏曲艺人的不同境遇——从"下流戏子"到人民演员的地位变化，启发大家认识自己的崇高使命；又经常组织师生向市领导及艺术前辈汇报演出，使大家感受到党和国家对学校的关怀，用以激发师生爱祖国、爱事业的集体荣誉感，开阔眼界，树立正确的艺术价值观。同时，他又身体力行，率领师生选择优秀学生和优秀的剧目为观众演出，坚决抵制从个人出发争名、争戏、破坏集体荣誉和整体艺术的演出作风。他对同学中出现的学习目的不纯，自命清高，争角争戏，排练演出不严肃等现象，更是及时批评教育。学生条件越好，他要求越严。他组内一个同学，因演出较多而滋长了骄傲情绪，对别组的教师很不尊重。郝先生知道后，立即将他调走，非常痛惜地对他说："没有老师的培育，你能有这样的成绩？你既然无视其他老师，就到他们那里改正骄傲情绪吧！"不久，这个同学果然懂得了自己的浅薄，转而自觉地虚心好学了。

郝先生处处严于律己，为师生做出了榜样。在慰问解放军时，他不顾年近古稀，毅然二次剃须，与马连良先生合演了全部《火牛阵》。1956年，为庆祝中国共产党全国代表大会召开，他又担任了开场戏《八蜡庙》的金大力，虽然是个配角，但仍全力以赴并出色地完成任务。这种顾大局、毫无私念、全心全意的服务精神，一时传为梨园佳话。

1958年后，由于学习了党的"使受教育者在德育、智育、体育几方面都得到发展"的教育方针，学习了陈毅"红专问题"的讲话，郝先生的办学思想又进一步发展到第三个阶段，对培养"全面发展"人才的认识更加自觉并趋于成熟了。

通过几年的教学实践，大多数同学有了可喜的进步，正在健康茁壮地成长。但仍有部分同学处在幼稚懵懂、浑不晓事、胸无大志、虚掷岁月的境况之中。因此，要使全班同学接触实际，开阔视野，使先进者加大步伐，后进者快步赶上，自觉地进行锻炼，郝先生就带领学校干部和老师共同拟订了学生的思想教育计划。

首先，他为使同学树立劳动观点、群众观点和为人民服务的观点，于1958年组织了第一届学员到农村锻炼。在一个月的劳动中，学员与农民同吃同住同劳动，半日练功排戏，半日参加生产，并在劳动结束后组织了广场慰问演出。一个月的农村生活，同学们不但学了些生产知识，增强了劳动观点，还接触了社会，了解到农民的甘苦和文化生活要求，从心里萌发出为群众服务的思想，激发了学习热情，这种劳动制度得到学校的肯定，一直坚持了下来。

同时学校又开展了勤工俭学活动，在同学中组织了教材刻印组、舞台工作组、理发及教具制作组等课余劳动组织，培养同学勤俭建校的思想，同学们既学会了一定的劳动技能，又增强了服务观念。对于同学的政治进步，郝老也极为关注。他青年时期，因处境艰难，备受歧视，曾憧憬着一个"博爱平等"的美好社会，所以他信仰了基督教。新中国成立后，他幻想中的新社会果然在眼前，这是由共产党带来的，由此他产生了实现共产主义的理想信念，他更希望有此追求，成为有崇高理想的先进分子。所以，他对同学参加政治学习和政治活动不仅从不阻拦，而且鼓励大家争取参加共青团和共产党组织。这位成就卓著的艺术家，年近古稀犹在努力学习共产党员修养，执着追求加入党组织的行动，这影响了全校的师生，他们的政治热情极为高涨。很快学生中的团组织就建立起来，有些优秀的同学光荣地参加了团组织和党组织。每当听到这方面的情况时，他无不由衷地感到欣慰，并向他们握手祝贺。

其次，他也开始关心学生的生活情趣和课余活动。过去由于他一心扑在事业上，除了阅读《三国演义》《水浒传》《东周列国志》等小说之外，再也没有其他爱好了。所以，他心目中的好学生，似乎也应如此，因而对同学多方面的要求，视为不务正业。几年来，经过学习和接触社会，他认识到一味把同学关在教室里学习，必然束缚他们生动活泼地成长，到头来只能培养出耳目闭塞的"小大人儿"，而开展健康有益的文娱体育活动，既能增强同学的体质，又能培养多种兴趣、增长知识、锻炼才干，加强同学间的团结。于是，在他的支持赞同下，同学中开始组织书法、绘画、阅读等活动，并建立了各种球队，还经常开展体育比赛和电影观摩活动，使同学们的课余生活丰富多彩。郝老看到同学们朝气蓬勃地成长起来，既为青年人有此幸福生活而庆幸，也从心底感到培养全面发展人才教育方针的正确。

郝先生掌校十年，执教十年。在这十年中，从开始设想培养一代新人起步，到自觉地理解和执行党的教育方针，是经过了一个实践、认识、再实践的过程。在这个过程中，他对学生的思想道德教育，做出了许多有益的探索，积累了不少行之有效的经验，是应该予以充分肯定和大力发扬的。

二、广聘贤能 不拘一格

众所周知，办好一所学校并培养出优异的人才，首先必须有一支强大的师资队伍。师资是教学中的主导力量，师资各方面的水平直接关系着培养学生的优劣，专业性很强的学校尤其如此。因而，创建戏校初期，师资的选择即成了重大课题之一。

北京是京剧人才云集、名家辈出的地方，选聘教师自然有着得天独厚的条件。但是，从戏曲教育事业发展考虑：第一，必须有一批行当齐全而较为稳定的基础师资力量；第二，限于学校经济条件，更需要老师能与学校共命运，具有为事业献身的精神。正所谓"名师固可贵，良师更难求"。郝先生组建教师队伍时，并没有完全集中在名家身上，而是不拘一格地选贤任能。最初受聘的教师，除少数名家之外，大多是有教学实践或舞台经验丰富的中老年演员，正是这样一批思想素质和技艺较好的教师成了学校教学的中坚力量，为培养京剧后代做出了可贵的贡献。

请看早期与郝先生共同担任剧目课的教师、基功教师及音乐教师的人选：

老生教师：王少楼、陈少武

青衣教师：华世香、唐芝芳

花旦教师：赵绮霞

花脸教师：郝寿臣（兼）、侯喜瑞

小生教师：孟庆惠、衡和华

文丑教师：罗文奎

老旦教师：孙甫亭

武生教师：孙毓堃、诸连顺、王德禄、王恩垣

武旦教师：李金鸿、赵德勋

武净教师：郭静安

武丑教师：王福山

武功教师：王仲元、刘佩永、张喜鸿、邢德月、鄂荣广

文乐教师：沈玉斌、沈玉秋、宫宁寰

武乐教师：关占奎、郝庆山、方立善

文化教师：张晓晨、吕清文、曹伦

教材编写：元亭午

以上这些教师，如侯喜瑞、王少楼、孙毓堃、孙甫亭等，均以其不同的艺术特色和精湛的表演技艺享誉舞台；沈玉斌、王福山、赵绮霞、诸连顺、罗文奎、王仲元、邢德月等，虽未驰誉菊部，却都门里出身，在科班执教多年，培养过许多出众之才；其他教师虽是不见经传的一般演员，但具有较深的功底和丰富的戏曲素养，多是教学与排练的行家里手。

为了开基创业，组建成这样一支旗鼓相当而又行当齐全的教师队伍，郝先生不顾花甲之年，多方奔走，礼贤下士，精诚所至，终于使得这些教师到校义务任教。后来的实践证明了他在用人方面的广阔胸怀和远见卓识。

这些教师到校之后，虽然只有微薄的"车马费"，但全力以赴地悉心教学，特别是承担二三路角色和音乐、武功等方面的教师，不求名利，默默

无闻地培育着京剧后人。仅仅两三个月时间，即排练出《二进宫》《锁五龙》《石秀探庄》《铁弓缘》《问探》《望儿楼》等传统剧目，并在汇报演出中获得各界好评。

学生进入中年级时，为了开阔视野，广泛继承各家之长，他又先后聘请了谭派老生孟小如，汪派老生石月明、恩维铭，余派老生杨菊芬、徐东明，高派老生李盛藻，王派青衣王幼卿，程派青衣赵荣琛，梅派青衣张蝶芬、贾世珍、雪艳琴，以及武丑名家叶盛章等到校执教，使同学们在各方面深得教益。他这种大度胸怀，不仅表现在对同行的团结和尊重方面，还表现在善于学习，博采众长的谦恭态度上。一次，他教授《铡美案》之后，感到新改编的全部《秦香莲》更适合学生排练，就几次带领同学观摩裘盛戎等人的演出，又请来李世霖和马长礼指导排练全剧，并在演出获得成功之后，亲自宴请他们以示谢意。这种虔诚的态度体现了老艺术家虚怀若谷的精神。

因为他有过求艺难的切肤之痛，所以他视晚生后辈中的人才为珍宝，只要发现好苗子，绝不轻易释手。今天深受观众喜爱的一些中青年出色演员，如张学津、孙毓敏、李玉芙、杨淑蕊等，都是经他亲自考核后插班入学的。正由于他这种不拘一格选贤任能，而又高瞻远瞩的治学精神，不仅为学校教学奠定了坚实的基础，还培养出了一大批优秀的戏曲人才，为北京京剧舞台输送了新鲜血液，使京剧艺术得以蓬勃发展。

三、坚持"因材施教"的教学原则

戏曲演员的培养，与其他专业人才培养的最大不同点，是演员的身体素质条件占据着极其重要的位置，也可以说身体素质是具有决定性的因素。其他专业人才的培养，主要靠智力的培育和智力的开发来完成；而戏曲演员的自身素质，如形体、扮相、嗓音等，都是进行艺术创造的重要条件。所以，精心地选材和根据学生的素质条件"因材施教"，并使之各展其才地成长，是戏曲教育必须遵循的客观规律。

建校伊始，郝先生即以"因材施教"为原则指导教学，并在实践中不断丰富这一思想，从而建立起一套较为科学的专业教学体系。概括地说，就是在招生中进行严格的"选材"，在分行中细心地"识材"，在归工归路中精心地"育材"，而每个环节都需要对学生进行客观的分析，并安排恰当的较为科学的培养计划，使之各得其所地受到教育与培养。

首先，每次招生时，他都亲临考场筛选考生，按照不同行当的要求严格选材。所谓不同行当，是指学生的体形、扮相和嗓音等方面适合哪一个行当的培养和发展。因为一个班级，必须有比例相当的生、旦、净、丑和文武各工的学生，才能构成独立的教学集体，才能成龙配套地进行剧目实习演出活动。由于戏曲艺术包括了唱、念、做、打、舞多方面的表演技艺，因而要求演员具有较为全面的艺术素质和天赋条件，所以在选拔人才时必须持审慎态度。郝先生正是以他那慧眼识人的目光，从数以千计的考生中筛选出一批批出色的后继人才。从历届学生的教育成果看，除涌现出一批出类拔萃的戏曲新秀之外，绝大多数毕业生已成为各剧团的艺术骨干。既显示了郝老的高度鉴别水平，也证实了严格选材的重要意义。

其次，在考察学生专业条件的基础上，对他们进行归行归路"因材施教"，使其各尽其长地发展成才。

（一）对学生"人尽其才"的培养，是郝先生"因材施教"思想的重要体现。在教学实践中，学生的素质差异日趋显露，专业上的优长和弱点也日渐鲜明，因而对他们明确行当和归工归路的培养，成为培养人才的关键，而考察和鉴别学生条件，又需要相当的过程才能完成。郝老在每次彩排或学业考核之后，都要组织教师讨论分析同学们的发展走向，并极为慎重地调整他们的行当，使其各尽所长地成长。如张学津入学时，先学小生后改学老生；王晓临原学花旦，后改学老旦；叶红珠由老旦改学武旦，王玉珍也由青衣改学武旦；等等，这种不断调整不断完善的过程，也正是贯彻"因材施教"的过程。从历届毕业生工作的成果看，合格率都达到百分之九十以上，不能从事专业工作的最多只占百分之六七，充分证实了"因材施教"原则是完全符合戏曲教育的客观规律的。

郝先生自己亲授的弟子也是以此为指导原则。他教的几班同学中，孟俊泉和王文祉等嗓音素质较好，则侧重教授重唱的铜锤戏；而马永安、王福来、吴一平等嗓音较差，但形体工架较好，即多教他们架子花脸戏，因人而异使其各有专擅，收到良好的效果。

（二）重视剧目教学，在循序渐进的教学中发现和培养"尖子"，使"因材施教"获得真正成果。

剧目教学，是对学生进行综合性表演技艺的重要手段，也是锻炼他们进行艺术实践的重要环节。因此，根据学生的学业水平，选定适当的剧目教练，成为贯彻"因材施教"原则的重要组成部分。而全部剧目教学的过程，又是对学生的专业条件、发展趋向走向和归工归路的鉴别过程，也是发现"尖子"并予以重点培养的过程。这种对学生的归工归路，对"尖子"和一般的区别培养，正是"因材施教"原则的体现。当然，在整个教学过程中，重点学生或有所变换，"尖子"学生也不是听凭主观意愿"一锤定音"，要不断地对学生进行考察分析，要选准重点和尖子，才能使"因材施教"获得真正的成效。

在学校历届学生中，后来居上的"尖子"确实很多，如张学津、孙毓敏、李崇善、马永安、王文祉、王树芳、赵葆秀、赵世璞等，有的是在中高年级时显露了光彩，有的是毕业后展现出优异的艺术才华，成为中青年演员中之佼佼者活跃在京剧舞台上，这一切都得益于在校期间所打下的全面基础和得天独厚的重点培养。

四、坚持教学改革的实验

为了提高教学质量，培养学生具有一定的鉴别和创造能力，从建校一开始郝老就非常重视教材研究和教材、教法的改革工作，并以身作则进行教材改革实验。

首先，他选任具有较高文化水平的专人，对传统教学剧目进行文字加工和整理工作。凡是列入课堂教学计划的剧目，均需重新审定进行必要的加工整理，或扬弃那些低级庸俗的词句，或删除剧中封建迷信的色彩，尔后再传授给学生。这种做法是否有损继承传统呢？郝老认为，学生正在成长时期，继承的着眼点应放在掌握精湛的传统表演技艺上，若一字不动地学习传统剧目，必然会影响学生的身心健康，结果将会适得其反，所以他始终坚持教材内容的改革，并身体力行。在他的主持倡导下，学校形成了改革教材的风气，像《铁弓缘》《拾玉镯》《打灶王》等，均删掉了低级的表演和庸俗的词句；《泗州城》《牧虎关》《刺王僚》《遇皇后》等也改掉了封建迷信的内容。这些改动不仅净化了舞台表演，而且增强了剧目的思想性，使舞台面貌焕然一新，赢得了观众的赞许。

其次，为了丰富学生的舞台实践，还不断引进新的教学剧目，并千方百计地保留传统剧目中的技术技巧。如在他的提示与鼓励下，元亭午和老旦教师孙甫亭合作新编了《傅氏发配》，将鬼戏《滑油山》和繁难技巧移植到该剧中保留下来。他又编演了老旦靠功戏《阳春战》，大大丰富了老旦的表演技艺。他教授《铫期》和《秦香莲》之外，还主持排练了新编的《桃花村》等剧。这种锐意改革的精神，不但使师生开拓了艺术视野，而且成为大家师法的楷模。

在首届学生进入高年级时，为培养同学独立创作的能力和适应现代戏表演的需要，郝先生积极支持师生共同创编新戏。当时，师生曾排演了《林海雪原》《青春之歌》等大型现代戏和《穆桂英挂帅》等新编历史戏，同时自己创编了《祝福》等近代题材的剧目。这些剧目虽未尽善尽美，但对同学的创作能力却是一次难得的锻炼，为他们走上舞台奠定了良好的基础。

综上所述，郝先生在北京戏校执教十年，无论在教学指导思想上，还是在教学改革方面，都为我们留下了极为可贵的经验。他为新中国戏曲教育事业勇于献身的精神，为了培育戏曲后代全面成长的崇高思想，以及锐意改革、严于施教的治学作风，都值得永远怀念和继承发扬。

　　鉴于郝老对艺教事业的卓越贡献，党和人民给予了他极大的信赖和崇高的荣誉。他先后被选为北京市人民代表、中国戏剧家协会理事，并光荣地出席了"全国先进生产者代表大会"和"北京市群英大会"。对郝寿臣先生来说，这些荣誉确实当之无愧。

忠诚艺教事业　悉心培育后代

郝寿臣校长：我们永远想念您

孙毓敏

2016 年是我们北京市戏曲学校（现为北京戏曲艺术职业学院）成立 64 周年（1952—2016），也是我院第一任老校长郝寿臣 130 周年诞辰。学院确定于 2016 年 11 月 22 日举办"纪念郝寿臣 130 周年诞辰学术研讨会"，邀我写一篇文章。

细想起来，我与郝校长相识是在 1952 年的开学不久，那时候我已经迟到了 3 个月，从青岛乘火车赶到了北京戏校的校长室里，进行了临时的考试。记得面试我的领导中就有郝寿臣校长，还有荀令文老师，还有一位贯大元老师（老生贯盛习与大丑贯盛吉的长兄）。我因为在火车上憋闷多时，嗓子有点嘶哑，只唱了《女起解》中"忽听得唤苏三，魂飞魄散"等四句，还出了点幺蛾子，很不服气，又喊了几声"咿""啊"表示自己是有嗓子的。贯老师听得出我有嗓子，明白是在火车上憋哑的，当场就说："你这就算考上了，明天就来上课吧！"我拿着剧照给他们看，觉得太幸福了，这么信任我，我几乎要跳起来。我记得我当时穿了一件呢子大衣，还有皮靴（练功是不能穿靴子的，必须穿布鞋）。我是一个上海人，讲不好北京话，长得也一般：

肿眼泡，单眼皮（到18岁才变成了双眼皮），大脑袋，短头发，除了皮肤白点没什么特色。所以，到学校后第一个行当学的是武旦，第一出戏学的是《打焦赞》，然后是《扈家庄》，什么拿顶、下腰、翻前桥、翻后桥、耍棍、打把子等，都把我吓得够呛。可是既然是自己要来考的，插班生，有什么权力打退堂鼓呢。开蒙的武旦老师是赵德勋和李金鸿两位老师（这是"德、和、金、玉、永"排字的中华戏曲学校的高才生），但我是软腰子，扁平足，练功不够水平。于是，第二年我就改到了花旦组，由赵绮霞老师为我的花旦行当开蒙。赵老师毕业于早年的斌庆社，是资深的老教师，当时年轻的杜近芳要出国演《刺蚌》等以舞蹈见长的剧时都由赵老师亲自为她教授和把关。如果说我现在身段还不算特别难看的话，那就是李金鸿、赵绮霞、赵德勋老师为我打下的身段基础。

自从那次考试之后，郝寿臣校长就算认识我了，记得那时候他已经60岁左右了，每天坐一辆三轮车，腿上盖着毛毯，一看见我就叫得出我的名字："孙毓敏，好好学习啊！"我连忙答应，鞠个躬马上跑开，因为我胆子小，看见领导就害怕。大概到了1954年，我们家生活越来越困难，我的单身母亲带着我们姐妹三人租住在西单杠房胡同四号的一个小屋里，实在有点活不下去。那时候我已经搬到了学校，住在集体宿舍里，每周回家一次。小时候正在发育，很想吃点好饭，但是周六周日两天家里吃的全是炒菠菜，我就问我的大妹妹："怎么总吃炒菠菜？"她说："这一毛钱菠菜已经吃了一个星期了。"她的话把我吓坏了，我这才知道家里真是快揭不开锅了，我飞奔回学校，一路走一路哭，还要好几年才能毕业挣钱，我等不了了。回校后向办公室打听到郝寿臣校长家的地址，我找到了校长家，按了门铃要求见校长。我向校长说："学戏时间太长了，我们家太穷了，我要改行当工人，好挣钱养家。"郝校长说："上次我看见你给外宾演出的《贵妃醉酒》，卧鱼、下腰功很好，嗓子也出来了，改行太可惜了，我不同意。正好新疆有个叫马最良的到北京招生，来找我。你叫你妈妈带两个妹妹去考考看看，万一考上了不就可以到新疆谋生了吗？不至于没饭了啊！如果考上了，我来给你们送行，请你妈妈和两个妹妹一同到我家吃饭，好不好？"我千恩万谢地离开了郝校长家，带着妹妹去考试，妹妹一下子就考上了。四天后我帮着妈妈和妹妹整理好了行装，他们三人就准备和马最良团长一同奔赴新疆了。临走前，郝校长确确实实兑现了诺言，请我们到他家吃了顿午饭。他家中有厨师，做了四个菜，主食是饺子，很好吃。吃完后，给我们每人一杯茶喝。大约一刻钟以后，他从一个大瓶子里拿出四块水果糖，一人一块，然后说："你们走吧，祝你们一路顺风，我要睡午觉了。"当时我觉得有点生硬，不习惯，但他就是一个真诚的人。他老人家是基督徒，一是一二是二，不会客套。我们一家是穷人，穷途末路了才求于他，也送不了什么礼，他反而为我们送行，又给我妈和两个妹妹一条生路。虽然艰苦也很不易，这已是他尽了最大的力量，为了保留我这个唱戏的种子，他能想到的最好的办法。我除了一辈子感念他的恩德，还有什么可说的呢。因此，在1991年我被派到北京市戏曲学校担任第五任校长时，特别为他老人家制作了一尊铜像，尊放在我校的展览厅里，感念他老人家为京剧教育事业所立下的不朽功勋，也借此机会感念他对我这个穷孩子所做的一件功德无量的好事。

　　我母亲与妹妹在新疆生活了五年之后，我通过卖血积攒了路费，才把妈妈和小妹妹接回了北京，大妹妹就留在了新疆工作、结婚、生子，直到退休才回到北京。1959年我毕业后一直在北京市的荀慧生京剧团担任主演，直到1966年被迫下放河南，又于1978年重新回到北京，继续担任荀派主演至1991年到北京市戏曲学校担任校长，于2005年退休。今已2016年，我也到了78岁的高龄。想起了我和郝校长及我家的命运轨迹，正是他在一次大转折的关键时刻帮助了我，没有郝寿臣校长的具体支持和帮助，就没有我孙毓敏这个穷孩子的今天。

　　亲爱的郝寿臣校长，我和我们一家永远忘不了您！我会化悲痛和怀念为力量，永远忠于我们的京剧事业，您就是照亮我们奋勇前进的灯塔和力量！

　　尊敬的郝校长，我们永远想念您！

学习教授郝派名剧《黄一刀》的体会

席裕身

郝派艺术的创立者郝寿臣校长，是一位杰出的京剧表演艺术家，他毕生为京剧净行表演艺术创造出了许多喜闻乐见的艺术形象，其表演之生动，性格之鲜明，光彩照人，为广大观众和同行赞誉为"活曹操""活张飞""活李七""活鲁智深"等等。我仅就《黄一刀》这一剧目中铫刚的形象塑造，略窥郝派表演艺术的一斑。

我于1952年考入北京戏校，在郝寿臣校长门下学习，得到郝师亲传剧目三十余出，其中不少是郝派的代表作，而《黄一刀》即其中之一。

《黄一刀》是一出有文有武，有京白、韵白，同时还有着大段【西皮流水】唱腔的"架子花脸铜锤唱"的"郝派"代表剧目。从这出小戏里更可以看出郝派之主要特点，即一切从人物和剧情出发。从铫刚一上场，【四击头】锣鼓一打，同时上三个人，即马青、杜明、铫刚都亮在一个【四击头】中。【四击头】是只打给自己主演的，有的还在【四击头】之后加打【撕边】以示突出，而使【四击头】形成空打。但郝老常说"台上的锣鼓不能浪费，不能瞎要"。因此，铫刚的出场一个【四击头】打上三个人，这一方面固然是紧凑一些，但更主要的是说明了郝老的安排是紧紧服从于人物，而不是单单突出我是主演。郝老曾说过："杨小楼演《长坂坡》，赵云的头场上场，杨小楼说他只是随着锣鼓【长锤】打上，绝不另起锣鼓，因为后面还有刘备没上哪，要是因为我是杨小楼，乐队单打鼓点让我上，那是看戏还是看我杨小楼哇？"由此看来，艺术家对艺术的处理，大致是相同的，也就是说一切从剧情和人物出发，这一点也是相通的。

从《黄一刀》铫刚的唱段看，也不同于一般架子花脸的唱法。郝老说："这是一段'拦路虎'，是剧情中心的唱段，唱不了这段唱，唱不好这段唱，就演不好这出戏。"同时这段唱又要求角色上场时，在嗓子没溜开的情况下，张嘴就先唱这样大段的流水板，这是很不易的。铫刚先后有两段唱。郝老要求："唱的要浑厚有力，唱法要按铜锤花脸的唱法"，"即字唱味、味唱字"，并按郝派的唱法，加上"遏音"。所谓遏音就是唱字时，通过上颚，加入鼻音，再加上下巴上下前后错动，使字音在上颚与鼻腔之间不断变化，这样唱出的字给人以一种深厚有力的感觉。这种唱法也是和一般架子花脸的唱腔截然不同。在头段唱腔中的"西宫娘娘把旨降，我主的龙心就好惨伤"，要求在原节奏中拉慢，这样的安排，一方面是组成了唱腔中的高低有致，快慢有法；另一方面也为最后"午门别父我就泪汪汪"的快收做了铺垫。演唱时还要唱出心中对昏王的不满，恨他贪恋酒色信宠奸贼，在发配起解途中又惦念二老双亲的心情。

《黄一刀》中铫刚的念白，既有韵白又有京白。尤其是在第三场"宿店"之后，听到店家说，给王爷做好饭，"刚刚做好，不想被恶霸之妻'母老虎'抢走喂猪了"，铫刚闻讯在急追细情后，又采取边听边笑，边笑边念京白的方法，体现了郝派在念白中的口语化，进而把艺术化转为生活化。这种念法既表现了铫刚的王爷身份，对什么都无所谓的态度，同时也给观众以生活气息。

在"做"的方面，仅以《黄一刀》铫刚的表演为例，铫刚从头场上到末场完，整个演出过程中，郝老都要求不能有任何懈怠和放松。当时我们年幼，更多更细的理论理解不了，只知郝老要求铫刚穿褶子、箭衣，上场时要两膀撑圆要像弓、虎口朝下目如灯、睁眼撇嘴站如松、紧抬慢落似虎行。而在第三场听到疙瘩汤被恶霸抢走喂猪时，欲再辩理，家将劝阻说"不可再次闯祸，免得罪上加罪"。这一提醒，也是警告，使铫刚暂压怒火，下场时，郝老安排了一个脸朝观众以90度的急转身踩泥朝里亮相，快下。这体现了铫刚是在强压怒火，心中并不服气，但又怕因此招来麻烦，不得不暂时咽下这口气，这个动作干净利落，稳重有力，留给观众的是背后戏。郝老还说："这种表演是老何桂仙先生的，漂亮极了，你们要好好练。"这是郝老博采众长化为己用的一个生动例子。

最后谈谈《黄一刀》的武打，这也是郝派所独创的。以往的铜锤花脸是没什么武打的，而架子花脸的武打也多是象征性的。《黄一刀》中的武打，安排得虽不甚多，但很别致。首先铫刚是用秤砣为械，这种武器不但别致新颖，而且也是生活化的，在艺术上是将手把子和刀枪把子融为一体的革新，同时也有区别于其他人物的演法（据说前人演铫刚开打用大刀），而在武打的安排上虽然不多，但打的是"情"，如"砸背""卸腿"，表现了铫刚勇猛和力大过人的形象。

怀念恩师

——郝寿臣校长

王福来

今年（2016）是杰出的京剧郝派艺术创始人、北京市戏曲学校首任校长郝寿臣先生 130 周年诞辰，逝世 55 周年。时光的流逝，丝毫也没有减少我们对老校长深深的怀念和崇高的敬仰。

我是 1952 年入校的第一批学员，学习花脸行当，自打入学一直跟着校长，并有幸成为校长的助教，在帮助校长教授学生的同时，也学习了校长高尚的品德和非凡的艺术。

众所周知，郝派艺术之所以能发展成为流派，是校长开创了"架子花脸铜锤唱"的新风格。他的嗓音洪亮、雄厚，富有虎音，善于在表演中综合运用共鸣音、沙音和炸音，使人物的形象更加丰满，有立体感。他的唱和做，一切围绕着塑造人物需要来安排，从而使塑造的任何人物都有声有色，唱念俱佳。因此，他与金少山、侯喜瑞先生被称为京剧"净行三杰"。

校长的教学非常重视"德"的教育，注重为人师表，高台教化。他对自己要求非常严格，不抽烟，不喝酒，没有其他不良嗜好。他的教育理念就是：要想学艺，首先要重视艺术道德，不但自己率先垂范，对学生的要求也是如此，要想做个好演员，必须在道德上先立住脚。他既和蔼可亲，对学生宽厚爱护，又严于律己，为人师表。在学生中有一种不严自威的感觉。记得他对爱学习又刻苦的好学生喜爱有加，学戏结束了，给每个人发糖果。看我这个助教用嗓子的地方多，怕我嗓子哑了教学受妨碍，给我买梨膏；又因为我身体单薄，为我订牛奶，充分体现了对我这个助教的特殊关爱。有时校长亲自下食堂，检查学生的伙食，看到菜里面的肥肉多，就说："别净给孩子们吃肥肉。"他建议给孩子们多吃点牛羊肉，有助于长身体，并直接跟彭真市长联系，市里马上批准了特供北京市戏曲学校牛羊肉。刚建校时，孩子们练功太累，太辛苦，且有的道具把子不应手，校长又亲自向市里领导请示，从广州运来了质量上乘的道具把子，有些道具一直使用至今。再有，建校初期，学生们没有练功的毯子（当时没有海绵垫子），都是家里给缝一个小棉垫，在上面下腰。校长就托人从故宫找来没用的棕垫子，拉到学校做成毯子给学生练功。校长对学生的关爱无微不至，冬天，他会自己掏钱，给学生买棉帽子、棉手套、棉鞋等。后来他身体不好，在家给孩子上课，我带着师弟，一拨一拨上他家里去。那会儿只有一趟电车，从菜市口到水道子，三分钱一位，他还给我们车票钱。

还有一件使我最感动的事情。校长非常关心国家大事，自己订《人民日报》看，我带学生去上课的时候，65 岁高龄的他戴着老花镜逐字逐句在那儿看报纸，有时候问我："福来，今天的报纸头条是什么？"校长的言行直接影响着我，我后来入团入党他都特别高兴，因为他由衷地热爱党、热爱社会主义、热爱京剧事业。

在业务方面，校长教得全面而具体，不但有所侧重，且有一套独特的规律，因材施教，循序渐进。比如教戏，开蒙戏是《二进宫》，先学二黄、原板、散板，使学生心里有底，学得扎实，进而又学一出稍微激昂的，带一点身上功夫的西皮戏《锁五龙》，再难一点就是《黄金台》《双李逵》《穆柯寨》《遇后龙袍》《铡美案》，再高难度一点就是既唱又表，又扎靠，耍大刀的《沙陀国》等戏。校长很重视因材施教，比如马永安的形象好、个头大，侧重学架子花脸，而我和孟俊泉师哥嗓子比较好，主要唱铜锤，当然也兼架子。

校长对待艺术绝不是墨守成规，他在吸收前辈艺术经验的基础上，大胆创新。他的唱腔吸收了金秀山先生和何桂山先生的唱法，身上表演则宗黄润甫先生。裘桂仙先生由于嗓音失调转做琴师，一直为当时正红的郝校长操琴多年，在这期间郝校长又借鉴了很多裘桂仙先生的唱法和风格。后来他为我们讲解了裘桂仙先生的唱腔的特点，如：擞音儿、落音儿、鼻腔共鸣等，并亲自传授我《铫期》《沙陀国》《双包案》《御果园》《白良关》等剧目。我向校长学戏的同时也体会到他的高风亮节和宽阔的胸怀，以及对京剧艺术不断继承、创新的精神。他不墨守成规还体现在敢于和学生探讨，兼收并蓄。京剧《桃花村》本是校长的首创、首演，并将此戏演至巅峰，但随着时代的发展，中国京剧院的袁世海、杜近芳二位老师对该剧进行了大胆改革，使其更符合当时的社会要求。郝校长认为袁、杜的版本更好，就把袁世海先生请回学校，给我们在校学生教授这出《桃花村》。

校长的言行彰显了无私、爱国、爱党的情怀，必然受到人们的爱戴和尊敬。据郝德元先生讲，当时连阔成先生向彭市长举荐郝校长，说："北京市戏曲学校校长非郝寿臣莫属！"在为《郝寿臣脸谱集》进行拍摄的时候，一些文学家和艺术家会陪着校长勾脸、穿服装。老舍先生对郝校长也是尊敬有加且情谊深厚，他们俩互相借鉴，互相取长补短，比如《刺王僚》中"昨晚得一梦实少有"一句，经老舍先生提议，改成了"昨晚郊外去饮酒"。

校长感人的事迹三天三夜也说不完，他与侯喜瑞先生互相尊重、友情真挚，如校长有公事的时候，经常把我们拨到侯先生、苏先生那儿去，跟他们去学习请教，让我们博采众家之长。正因为有这样甘于奉献的好校长，才使北京戏校不断发展和壮大。

多少年来，校长的高尚品德和艺术造诣早已深深扎根在我的心里，并成为我的行动准则。长久以来，我没有辜负恩师对我的希望和教诲，无论是在剧团做演员，还是在戏校教戏几十年，我都认认真真，兢兢业业，无怨无悔地发扬和传承着郝派艺术。在北京戏校培养了王文祉、李小培、王昊等花脸演员。我还多次被邀请赴台湾、南京等地讲学，传授郝派艺术，《沙陀国》《黄一刀》特别受欢迎，使郝派艺术在宝岛台湾大放异彩。

我怀着对校长的深厚感情和崇敬之心，至今都坚持每年春节给郝家人拜年，借以表达我对恩师的怀念。今后，我还将在自己有生之年继续传承和弘扬郝派艺术，为京剧郝派艺术的发扬光大贡献力量！

以德育人的郝寿臣校长

周万江

今天很荣幸参加纪念郝寿臣130周年诞辰的学术研讨会，再过四天——11月26日，就是老校长仙逝55周年的纪念日。尊敬的老校长是一个伟大的艺术家，是京剧史上的花脸三鼎足之一，在京剧史上树立了光辉的形象。他一生创作了很多的剧目，塑造了很多的人物形象，被形象地称为"活孟德""活李七"。他不但是一位伟大的艺术家，还是一位高尚的教育家。他老人家任北京戏校校长期间，培养了众多优秀的京剧人才，很多人成为京剧界的顶梁柱。

我有幸在北京市私立艺培艺术学校（北戏前身）学习，成为首批得到老校长亲传的学生之一。当时我们组一共有六位同学：孟俊泉、王福来、席裕身、马永安、别永德和我，1955年又来了三位小师弟。老校长教我们学了几十出传统戏，使我们受益匪浅，我们也不负众望，在毕业以后都在各自的剧院团成为顶梁人才。

一、以德育人

老校长不但教戏，而且非常重视道德教育。我刚分到校长组的第一个感受就是老校长没架子，特别和蔼，可亲可敬，从不跟我们拍桌子瞪眼，但是非常有威严，威在一个"正"字。"做人要规规矩矩，要行得正、坐得端，不要做任何坏事，这是做人的本分"，老校长将这些话常挂嘴边，叫我们"做人要正直、诚实，不能胡来，要言行一致"，老校长的教诲我们铭记在心，影响了我们的一生。

首先，老校长要求我们从生活细节做起。他对我们从举止言谈开始要求，教导我们人与人之间交流、走路时要有仪态，不能够勾肩搭背；见面要有礼貌，小辈见到长辈要先行礼，同志们之间见面要握手，互相问候。即便一坐一卧也要端庄。他老人家常常用孔夫子的话教导我们："非礼勿言，非礼勿动，非礼勿听，非礼勿视。"先生一生做人的标准也正像他老人家的自题书法一样"以虚养心，以德养身"。更重要的是，老校长教育我们要感谢党，他总说要感谢党，感谢彭真市长，他说艺培戏曲学校刚成立那会儿难呐，没有共产党，没有彭真市长，咱们戏校就没有今天，所以要感谢党，别忘恩。每次在全校大会上他总强调这一句话："老师们、同学们，眼下我们学校从无到有，从小到大，越来越红火，这都是在党的领导下才有这么个兴旺的今天，大伙千万不能忘恩呐！"

二、文化教育

我们小时候有一种风气，有部分同学常说："我们是来学校学戏的，干嘛要我们学文化课呀？"这话后来传到老校长的耳朵里，老校长说："这种风气可不对，现在给你们机会你们不学，还老发牢骚，我们那时候想学学不了。作为一个唱戏的演员，你没有文化就唱不好戏，演不好戏。我当初就念过一年多的私塾，不能说不认字，但认得不多。咱们演的戏大部分是历史，你不懂得历史，怎么能演好戏。你看三国戏就有多少，所以你们应该好好学文化、学历史。我当初就是为了演好戏，我苦读了《三国演义》，有很多不认识的字，旁边放一本字典，不懂就查。"正是因为老校长熟读了《三国演义》，他老人家把曹操这个人物吃得非常透，认清了曹操对历史的贡献。过去咱们传统戏里把曹操演成了非常奸险的人，后来郭沫若先生写了一出《蔡文姬》，一改历史剧中刻画的曹操阴险奸诈的形象，从正面予以歌颂。老校长拍手叫好，说："终于有高人为曹操说公道话了，好！"老校长在曹操戏上苦心钻研，有自己的独到之处，演出了一个与众不同的曹操，比如《群英会》里"阚泽下书"这场戏，当阚泽给曹操呈上黄盖的诈降书时，一般的人演到这儿的处理方法是，曹操接过来只用一个曲牌【急三枪】就看完信，而老校长因熟读《三国演义》，他就把《三国演义》的原文用上，用他深厚的功力，读完诈降书——"盖受孙氏三世厚恩，本不当怀二心……"这样的表演方式深受观众喜爱，而此种演法只郝派艺术一家独有，他的高徒袁世海先生在电影《群英会》当中，把这段原原本本保留了下来，传承下去。

老校长不但重视文化，对于新鲜事物出现，他也是非常关注的。1956年，当汉语拼音方案一公布，老校长知道后非常地高兴，他说："这可是个好东西，这比过去的反切法细致多了，这个分得细，能分三节、四节，你们好好学，记住，这能指导你们一辈子的唱念，这个高啊！"所以我就一直遵循老校长的教导，直接运用到我今后的演唱当中，一直到现在，我还继续按照老校长这个要求往下传。

三、重视基本功教育

老校长认为，作为一个好演员首先要有一条好嗓子。他老人家教导我们："过去咱们这行叫什么，叫唱戏的，唱戏的就要用嗓子，没一条好嗓子，没有过硬的基本功是唱不好戏的。常言道'唱戏的要嗓子，担担的要膀子'。"他老人家要求我们：第一，嗓子是爹娘给的，要爱护，不许胡来，要洁身自好；第二，要坚持苦练，每天不能睡懒觉，要早起去喊嗓子，越是下雨下雪越要去，因为空气当中的尘土都被雨雪冲刷走了，这样的空气更清新。"记住，冬天喊嗓子不能用帽子把自己的耳朵、腮帮子捂上，这样听不到自己的声音，要把腮帮子冻僵了，你念白，嘴皮子有劲。想想看，如果等你的腮帮子化开了，你的爆发力会有多强。"我就遵循老校长的教育，一直坚持了十多年，直到"文化大革命"把我调到北京京剧团我才算停止了喊嗓子。到后来，我到电台录音，别人离开话筒半米，我得离开一米，还不能直对着话筒，否则的话声音就破了。老校长曾经说过，这样可以让演员把每一个字念得非常有劲，灌到观众每一个人的耳朵里。那个时候没有话筒，全凭演员的功力。其次，老校长要求我们不但要有一副好嗓子，还要有扎实的基本功，要有两条好腿，没有好腿是应付不了演出的。老校长教我们《醉打山门》《芦花荡》这样的戏时，常常嘱咐我们要踢起来，踢腿、抢背、吊毛之类的动作要懂、要会。

四、继承先辈遗愿，做好传承工作

郝校长不但是一位知名的好演员，而且是一位道德高尚的教育家，他不但教戏，还掌管全校的教育工作；他育人，不但要求我们要有高尚的道德情操，要热爱共产党，还要我们做一个高尚的人、有道德的人、讲礼貌的人、对社会有贡献的人。今天在纪念郝寿臣先生130周年诞辰之际，我作为老校长亲传的学生，有责任把郝派艺术发扬光大，把郝校长的道德风范和严谨治学的精神传扬下去，使我们祖国宝贵的遗产不致遗失。

德高望重 艺术精湛 律己育人 桃李满天下

——纪念郝寿臣老校长130周年诞辰

苏敬文　孙家璧

我们的老校长郝寿臣先生离开我们已经50多年了，但是他老人家的音容笑貌，他事事认真严肃的态度以及衣着整洁、一丝不苟的形象将永远铭记在我们全体学生的心中。

老校长在艺术上非常严谨，他一生用尽心血塑造了三国戏中的曹操、张飞等角色，他每天《三国演义》不离手，将其中他所演的人物都琢磨透了。他所饰演的曹操在不同时期、不同年龄段的人物形象是截然不同的，如《捉放曹》和《群英会》等戏就有所不同。日本的一位学者波多野乾一先生赞誉老校长为"活孟德"。

在《岳飞传·牛皋招亲》一戏中，他塑造了一个非常幽默而且粗中有细的抗金英雄形象。老校长还塑造了鲁智深、包公、刘瑾、伊立等形象，一个个鲜活的形象永远留在学生和观众的心中。

过去我们京剧界没有学历认定，如果有的话，像老校长这样的艺术家应算是博士了。可是这样一位德高望重、艺术高超的艺术家却去教我们这些一年级的小孩儿，而且非常认真，一丝不苟。我们那时每周都要轮流去花脸组给同学吊嗓子，同时也能有幸聆听老校长上课。他在教念京白时，都是一板一眼的，有节奏地敲着板来念，如《黄金台》中的伊立念"只因东宫世子田法章"，他每次都要敲着板一字一句地念齐。一次他在说《回荆州·张飞听琴》一折时，张飞一上场亮相，乐队奏"琴歌"，张飞一跨腿，一撕扎，那优美的动作，学生都做不出来。在老校长教《醉打山门》时，我们有幸参加了伴奏和记谱的工作。这是一出花脸行当中非常过硬的戏，其中鲁智深露肚穿裓裳的形象都是老校长亲自设计的，他为了演这出戏，30岁开始压腿练功，日复一日，年复一年坚持练习。孙家璧有幸每天下午到老校长家去整理，为《醉打山门》这出戏记谱。孙家璧说："他老人家非常认真地一句一句地唱，我也非常荣幸地每晚能和老校长共进晚餐。吃完饭，他总要和我聊聊天，有时说说心里高兴的事，有时也将心中不愉快的事说给我听。他还带我去东头卧室去看老奶奶，去西头卧室参观他老人家的卧室。这对我这样一个爹娘没在身边的孩子来说，真是非常温暖。"

在那个物资很匮乏的年代，我们乐队的同学都要跟着花脸组的同学一起去校长家上课。每次下课时，他都要给我们每个人发两块糖（酸三色），这在当时是很高级的糖了，可见老校长对学生的疼爱之心。

老校长走了，我们和郝家三代人的关系仍然延续。20世纪80年代，郝德元先生在写关于郝校长的书，当整理到有关老校长代表剧目的唱腔选段时，郝德元先生首先想到由我们俩来完成这个光荣的任务。1987年，孙家璧做了手术，郝德元先生那时已七十高龄，从奋章大院骑着自行车到成方街去看我们，令我们至今难忘。后来我们与天恩大哥、春荣大姐，尤其和天意一直保持着联系。记得那年北京京剧院张景排演《雏凤凌空》时，天意带着乐队的同志到家里找苏敬文学习，敬文当时就说："院里派天意来，那我绝对没的说。"他就很认真地从头到尾把唱腔及锣鼓说了一遍，我们还去看了他们的彩排，至今我们仍然保持着电话联系。

人间总有悲欢离合，但老校长的音容笑貌永远留在我们的心中，那"酸三色"的味道，至今我们回想起来永远是甜甜的。

纪念郝寿臣校长诞辰130周年

黄德华

在纪念郝寿臣校长130周年诞辰之际，认真追忆往昔，应该说他老人家就是京剧界一位开宗立派的艺术大家。

如此称道是有一定历史渊源的。我曾听郝德元先生（郝寿臣独子）跟我们讲老校长的故事：校长幼年之时家境艰苦，然而，穷则思变已成为求知上进的奋斗动力。他年轻时练功学戏，搭班唱戏，多么想挣钱帮助父母！但是7年的典身字据何等之长，待到期满正逢变声之时，几经磨难，多方辗转。最后仍是凭着坚强的意志，三闯关东，被有识之士发现，并为他指出明路。最终在演出中逐渐找到符合自身条件的剧目和角色，定型为"架子花脸铜锤唱"（铜锤是宗金秀山，架子效仿黄润甫），把花脸表演艺术提升到新的水平，并得到观众的认可。

今天我们深深地感受到，一位开宗立派的艺术大家，首先是要正确认识自身条件，并在不断提高文化水平的基础上去积极面对。从业者必须博采众长，厚积薄发，功夫不负有心人，实践和学习兼顾，才能结出理想的成果。

更值得我们敬仰的是，郝校长既尊重传统，又不失时机地创新发展，并不断提高对艺术的理解，时刻在表演中丰富其独特性，吸取其他行当演员的优秀个人经验，以勤奋力补天资，并以精益求精的原则创造出"活孟德""活李七""活鲁智深"等有代表性的鲜活角色。他的敬业精神堪称楷模。

郝校长创业如此，更有能力驾驭事业。在教学治理方面，郝校长也是一位敬业的教育家。在他老人家课徒传艺及担任北京戏校校长时，虽以传统为主教育后代，但他并不保守，绝不固执己见，他采取面向时代、发展型的教育方法。比如说，在我们文丑组学习《法门寺》的"大状子"时，当初已经有罗文奎老师给我们念了一份，我们就把它简称为白话文，但是校长要求要按萧长华老先生台上用的。他马上跟罗老师沟通，并亲自给大家来说戏。这种教育方法我认为是与时俱进的，当我们毕业以后，拜师拜到孙盛武老师门下，进门学戏，先学的也是"大状子"，跟郝校长说的是一模一样，拿到舞台上去演出令人满意。

在教学方面，他特别主张破除迷信，那会儿和袁庭武老师一起把一些传统戏中有迷信色彩的东西改掉。比如，当初唱《打渔杀家》，原来是"乌鸦叫过"，这一听"乌鸦叫过"好像不吉利，于是他主张改为"雀鸟叫过，飞过来叫过去何等快活，不知却是为何？"我认为这个是紧跟时代发展的体现。

在剧目改编创新方面，他主张以传统为主，与时俱进。我们学的戏，剧目是开放的，当时社会上都在吸收地方剧，有一出楚剧《葛麻》，改编成京剧后，我们跟着罗文奎老师学，老先生戴着眼镜，一个字一个字地照着剧本去念，这样既帮助我们学会了新的剧目，而且跟得上社会的发展。当时我们也学现代戏，向中国京剧院去学习《林海雪原》，向北京京剧团学习《青春之歌》，还包括学校自己创排的《祥林嫂》，如此治学，使得学生毕业以后得到社会剧团认可，在参加工作时新戏老戏都可以适应演出。

校长非常关心学生的成长，包括一日三餐吃得如何他都很重视，给大家讲话的时候都提道"早饭要早，午饭要饱，晚饭要少"，说明他很重视学生的成长。郝校长还非常关注国家的未来。当他被选为人民代表之时，老人家非常珍惜这一光荣的称号，最后将自己的房产贡献给国家来承办托儿所。

今天我们在这里纪念这位老艺术家，就是让我们师生相互提醒，学习他的敬业精神，学习他老人家那种塑造人物的表演方法，真可谓是演一个活一个。这么说，不是空洞地喊口号，更不赞成光说不练，而是要将力所能及的工作做好。比如郝校长亲传亲授的代表剧目《黄一刀》，就应该把当初学演这个剧目的席裕身、王来发等几位老师组织起来，认真负责地传承下去，这将是对郝校长130周年诞辰最好的纪念，是对老校长的精神和艺术的继承和发扬。大家有权利享受这份光环的照耀，更有爱护和传承的义务，使那些曾经为北京戏校开创事业的功臣万古流芳。

纪念德高望重贡献丰厚的前辈艺术家郝寿臣先生

郑　岩

郝寿臣先生是京剧架子花脸艺术影响深远的前辈大师，他自创一派，技艺惊人。架子花脸与铜锤花脸区别在于，它不是以唱工为主，而是以做工为主，以表演为第一艺术要素，是以演绎人物性格、表现人物个性为己任的一个净行门类。

早在1950年左右，我就看过郝老的戏了，那时的我9岁多。印象中他与周信芳先生合作演出《四进士》，郝先生饰顾读，记得他一出场急促暴躁，身为道台严酷厉害，有种令人生畏的感觉，剧中他始终保持着这种气势。问案严厉，穷追不舍，语言犀利，盛气凌人，极具特色。顾读是个贪官，竟然为了三百两银子，替杀人凶犯洗罪，最终受到了惩处。郝老的犀利表演以及棱角鲜明、专断严酷的神情状态令我至今难忘！

1953年，老艺术家为抗美援朝捐献义演，郝老与生行名宿，京剧、河北梆子"两下锅"的著名老生艺术家李桂春先生合作推出了名剧《逍遥津》。李先生饰汉献帝，唱高派，声腔高亢激越，悲情满怀，声情并茂，好不惊人。郝老饰曹操，与顾读虽同是"白脸末"类型人物，但表演决然不同。他把

43

曹操的野心、阴险、凶残、毒辣种种状态从内在到外形，刻画得活灵活现，让观众看得恨之入骨。他横霸金殿，欺君压臣，后绞杀"伏后"，毒死外孙，种种恶行，郝老演得处处精彩。他阴狠于内在，在汉献帝面前假作恭顺，虚伪面孔极为典型。将视皇帝如木雕泥塑，"挟天子以令诸侯"的真实用意揭示深刻。尤其用毒酒杀外孙一段，他下令鸩酒毒死时，两孙儿号啕跪哭央求饶命，曹操的一般演法只是说句"起来，起来，我不杀你们了"而已，而郝老却在此刻展示了曹操人性的一瞬闪现：看到孙儿哭得可怜，似动情模样，曹操念出了京白"……哎哟，别哭了，我不杀你们了，宝贝……"似动了真情，此刻华歆凶恶说道"……放虎容易擒虎难！"时，曹操猛一惊醒，届时伴奏打击【一锣】，曹立即变脸，狠狠念了一句"好！药酒毒死！"一甩水袖立即转脸，郝先生处理得好极了，干净利落又毒狠至极！这出几十年前看的好戏，每一想起依然近在眼前。

还有，在此期间郝老又与谭小培、萧长华前辈演出了全部《伐齐东》，郝老饰权奸宦官伊立，依旧是一副图谋篡夺王位、玩尽阴谋的野心家、阴谋家的嘴脸。伊立是太监，白太监脸、大红嘴勾得极有特点，从外貌上就突出其一副权奸弄臣的样子。郝老的唱、念、做皆有独特魅力，极具人物个性。郝老素有"活孟德"美誉，他演的曹操戏出出有独到之绝活，美不胜收！

郝老的架子花脸中型戏丰富多彩，李逵戏、牛皋戏、张飞戏、大太监戏、鲁智深戏数不胜数。每一出都讲究刻画人物独特的个性，诚属难得。

郝老不仅是架子花脸大师，更是一位杰出的戏曲教育家。郝老的弟子很多，名净樊效臣、王永昌、袁世海、李幼春、王玉让、周和桐等名家都是郝老入室弟子，各有建树。观众公认的当然是袁世海先生，他全面继承了郝派艺术，成为净行大艺术家。郝老有着超乎寻常的科学思维，他不许学生死学模仿他的表演。袁先生拜师时，郝老严肃叮嘱他道："记住，跟我学戏，不是把你打碎了捏成我，而是要把我打碎了捏成你！"数十年前一位艺术大师的思维境界如此科学、求实，堪称是惊人的见识和学风，也就是让学生活学活用、领悟真谛、继而发展创新！

袁先生不负师望，从1956年后陆续创造演出了以架子花脸领衔主演的大型剧目：《黑旋风》《李逵探母》《九江口》《西门豹》。四部大戏，改变了架子花脸此前仅演折子戏和配角的局面。郝老首看《黑旋风》后喜悦非常，他兴奋地告诉学生说："我这辈子就想创出架子花的大型剧目，没成了。你成了！你是赶上好时代了……"一句发自内心由衷的感动之语，呈现出郝老对事业、对新中国文化艺术建设的深厚感情和拥护。

郝老终生品德高尚，为艺术事业"公"字当先，不计个人名利得失。最典型的事例就是1957年北京电影制片厂全力投入拍摄戏曲艺术片——京剧《群英会·借东风》，导演岑范先生为了留住经典，使其流芳百世，严格选择当代京剧顶级表演艺术家担任剧中角色。邀请了马连良、谭富英、叶盛兰、萧长华、裘盛戎、孙毓堃，而曹操一角决定请"活孟德"郝寿臣出演拍摄。郝老却谢绝了，他说："我已老矣。除政治任务，从40岁就不登台了。电影拍摄关乎后代欣赏纪念，我的嗓音、气力、状态已不适应此项拍摄了。我推荐我的弟子袁世海担任曹操的拍摄，世海学业成功、艺术精进、精力充沛、正在当年，最合适担当此项拍摄，一定会有好成绩……"导演再三恳请，郝老坚定辞让、推出年轻人。全体参演艺术家支持郝老的意见，北京电影制片厂终于同意由袁先生担任曹操进行拍摄。郝老和萧长华两位老前辈亲自为袁世海先生把场、磨戏，拍摄圆满成功。郝老极为兴奋，表扬弟子袁世海不负众望、成绩出色！这件事是郝老艺术品格、道德觉悟、事业第一种种高尚品德的展现，为后人留下了光彩的榜样！

郝老的贡献是多方位的，他对戏曲教育事业同样做出了了不起的贡献。新中国成立之初，郝老为了培养京剧艺术接班人，自筹经费创办了"北京市私立艺培戏曲学校"，后来政府接管，大力支持，更名"北京市戏曲学校"，任命郝老担任校长职务。数十年来该校培养了一大批优秀的戏曲事业全面人才，弘扬了京剧艺术，至今生源不断。同时郝老还兼任中国戏曲学校授课工作，是当年中国戏曲学校"十大教授"（包括王瑶卿、鲍吉祥、尚和玉、萧长华、梅兰芳、程砚秋等前辈大师）之一，为中国戏曲学校造就了一大批京剧人才，功绩卓著。

郝老传授的架子花脸剧目珍贵精湛，丰富多彩，如《瓦口关》《黄一刀》《飞虎梦》《除三害》《闹江州》……大多为绝响剧目，异常宝贵！

郝寿臣前辈是京剧艺术最具贡献的艺术大师，是受人尊敬、永远怀念的京剧艺术家、教育家！

郝寿臣先生诞辰130周年纪念集

郝寿臣心中的曹操是个英雄

吴一平

　　1955 年，时年 9 岁的我考入北京戏校，成为郝校长的亲传弟子。在校 5 年多的时间里，我向郝校长学习并演出了 40 多出净角传统剧目，学会了用郝派的艺术手法来塑造像鲁智深、李逵、牛皋、张飞、李七、李密、专诸、李克用、徐延昭、尉迟恭、单雄信、铫期、王僚、铫刚、马武、包拯、马谡、司马懿等各种性格鲜活的人物。众所周知，京剧表演行当中的"净"行分为架子花脸和铜锤花脸。在校学习时，我印象最深刻的是向郝校长学习以架子花脸应工的曹操戏。千百年来，中国的老百姓都是从戏曲舞台上了解历史故事，评价人物的是非曲直。例如，把舞台上画成红脸的关羽作为忠义英雄顶礼膜拜，把画成白脸的曹操当成阴险奸诈的小人而排斥耻笑。人们在日常生活中会说："某个人是红脸汉子，讲义气；某个人是白脸奸臣，要提防点。"笑谈中，人们把辨别外貌上的"红脸"和"白脸"视为区分好人、坏人的做法已成习惯。也有例外，我们北京市戏曲学校首位校长郝寿臣就一直把白脸的曹操看成是中国了不起的英雄。对此，我深有体会。

　　记得第一次上《捉放曹》戏课时，郝校长郑重声明："别把曹操当成坏人来演，曹操是个了不起的英雄。"虽然我当时只有10来岁，但对曹操有关的人和事还是了解一些的。中国的老百姓谁不知道曹操是个大奸臣呀！不知是我听错了还是校长说错了。上课前，我的心理准备是：上曹操的戏课就是怎么学演坏人。结果，原本以为演坏人，是好玩的课，却变成了十分严肃的课。当时的我并不理解，只能是校长怎么教，我就怎么学。

学到《捉放曹》最后一场，曹操安睡，陈宫对曹操错杀吕伯奢一家十分不满，决定弃曹而去。临行前，陈宫留诗一首，当陈宫念出最后一句诗"方知曹操是奸雄时"，郝校长做出曹操在梦中翻身的动作……，我突然好像明白了什么，便壮着胆子问校长："陈宫说曹操是奸雄，是什么意思？"郝校长回答："那是陈宫的怨气没地方出，小看了曹操的远大抱负和能力，曹操可不是一般的英雄。"我听后连连点头称是。其实当时我只是一个十几岁的孩子，对曹操的理解顶多是一知半解罢了。即便是真懂了，也离真正会演差得远。

京剧教学讲究"手把手"地教，即老师一招一式，一字一腔，反复做出示范，让学生不走样地反复学。有些程式动作我们往往还要十遍百遍地练，直到校长满意才行。郝校长还告诉我们，京剧表演是以歌舞演故事的形式进行的，不能止步于完成演员对角色的内心体验，更要以规范的演出来体现人物、塑造人物，并且要演得美、演得活。我学演曹操也是这个过程。

郝校长一生中演出的剧目很多，塑造了很多有代表性的人物形象，其中在人物塑造上更有深度、更具美学特色的人物还属曹操。我认为，研究郝派艺术应重点对郝派曹操深入研究。因此，本文拟围绕京剧舞台上的曹操形象塑造，试从几个方面探讨郝寿臣京剧表演艺术的创作和所达到的美学高度。

一、郝寿臣对"替曹操翻案"风波的看法

由于曹操对中国人、中国社会的影响很大，以至于很长时间中人们对曹

操的评价有很大不同。一般来说，中国的老百姓受戏曲舞台的影响，把红脸和白脸作为区分好人和坏人的标准，将白脸曹操简单地等同于奸臣。而历史和文化界的一些专家学者却对把曹操抹成白脸提出异议，认为曹操是大政治家、军事家、文学家，被抹成白脸是作践他，丑化了曹操，误导了群众。文化界在20世纪50年代末曾掀起一场"替曹操翻案"的激烈争论，加上毛泽东主席在《浪淘沙·北戴河》中"魏武挥鞭，东临碣石有遗篇"的诗句，明确抒发了对曹操历史丰功伟绩的肯定，大作家郭沫若欣然命笔，创作出了六幕话剧剧本《蔡文姬》，并于1959年在北京人民艺术剧院上演。京剧界领导也不甘落后，紧接着推出新编京剧《官渡之战》，由北京京剧团演出，指定京剧名家裘盛戎来扮演曹操，并大胆改革，让演员把曹操画成红脸，呼应替曹操翻案的热潮。

作为以专演曹操闻名于世的郝寿臣当然对这场争议十分关注。他多年前也曾想搞一出正面表现曹操文采风流、气度非凡的京剧《铜雀台》，听说郭沫若写出了《蔡文姬》替曹操恢复名誉，郝寿臣很感兴趣，但是，看了话剧本子后，却打消了把话剧《蔡文姬》改成京剧演出的念头。记得我当时14岁，因剧团缺少演员，提前毕业到北京实验京剧团工作。一天，我到郝校长家去探望他，碰巧聆听到北京大学教授吴晓铃先生和郝校长讨论替曹操翻案的话题，吴先生特别想听听这位演曹操的专家的看法。郝校长说："其实，多年以前，我就向燕京大学陈垣校长请教过《三国志》，并问过陈校长该怎样评价曹操。陈校长是个京剧迷，他说《三国志》是历史书，你知道历史上的曹操是怎么回事就行了，你还演你的曹操。"郝校长爱听评书《三国演义》，和连阔如是好朋友，二人经常一起聊天谈论曹操。郝校长经过总结认为，《三国志》是给研究历史的文人用的，评书是说给人听的，戏是演给人看的，这三者不是一回事。吴晓铃教授问："您不是还想把《蔡文姬》改成京剧来演吗？"郝校长说："看了话剧本子，觉得话剧跟京剧的路子又不一样，很难改。"吴教授又问："您看《蔡文姬》里的曹操怎么样？"郝校长说："不够份儿。"吴教授问："怎么讲？"郝校长回答："人是活的，人都有七情六欲，再大的英雄也有个性，也难免有过失，曹操不是一般的英雄，本事越大，脾气越大。所以不能简单地演曹操。我说不够份儿，是觉着曹操的戏份不足，观众会看得不带劲，不过瘾。"吴教授最后问："您会把曹操画成红脸吗？"郝校长立即回答："不会，观众也不承认。"吴教授连连点头说："您的一番话才真够份儿呐。"说罢，二人哈哈大笑。14 岁的我好像也开点窍了，觉着彼曹操非此曹操也。果然，京剧《官渡之战》演出时，红脸曹操一出场，台上台下的人怎么看都觉得别扭，连裘先生也觉得台上找不着家似的，不舒服。因为观众不认可，卖不出票，京剧《官渡之战》只得草草收场。

替曹操翻案的争论过去几十年了，京剧、评书、话剧里的曹操还是各演各的，也各有各的观众。我觉得，中国戏曲创作素材的主要来源并不全在史料，而多取材丁小说和历史传说故事，某种意义上是将严肃的历史史料演义化处理。中国戏曲是按照人民自己认定的是非观念、情感特征，紧紧围绕人物典型化、戏剧化两条原则，选择故事情节的。曹操的复杂性格虽非一时一事符合历史，却浓缩了三国时期乱世英雄的思想意识，并带有封建社会上层统治阶级的典型特征。

二、京剧舞台上不同派别曹操的表演特色
——曹操的人物个性与演员的表演个性

当我们的视线转移到京剧表演史上曹操舞台形象的发展历程时，就发现曹操形象并不是一个模式。主要体现为三种不同：第一，三国戏是系列式的，曹操的完整形象体现在一系列 30 多出三国戏中，因每出戏故事情节不同，有些戏"奸"的性格突出些，如《逍遥津》《捉放曹》《铜雀台》《群英会》等，有的戏"奸"与"雄"并重，如《群英会》《借东风》《华容道》《战宛城》等。第二，每个演员对曹操复杂性格理解不同，加之自身的艺术水平不等。呈现出来的舞台形象也就不同。此外，对人物理解到位并不等于就能够在舞台上准确地呈现，只有在舞台上将其准确地呈现出来才能更加深入地理

解角色。有的演员把曹操演得过于奸诈，有的演员演得谐谑味过浓，有的注意到了曹操作为大政治家、大军事家的气派而缺少大诗人的风度，只有功力深厚的演员才能全面地体现曹操性格中奸雄并具、善恶互补的多样性。第三，演员的个体条件影响了演员的表演方式，演员的表演方式又间接影响着人物的塑造，于是在舞台上就形成了不同风格流派的曹操形象。

下文在介绍郝派曹操之前，先分别介绍郝寿臣的前辈黄润甫以及与郝同时代的侯喜瑞、郝寿臣的徒弟袁世海三位京剧净角名家，分析他们的曹操戏代表作。

（一）黄派曹操

黄润甫（1984—1916）是京剧兴盛时期架子花脸的代表人物。在卢胜奎为程长庚的三庆班编排连台本戏《三国志》时，即由黄润甫首演曹操。净角演员常说"铜锤怕黑，架子怕白"，他却专在白脸戏上下功夫，尤以曹操戏最为见长，时有"活曹操"之誉。王梦生《梨园佳话》记载：黄润甫"扮戏擅作老奸，最能险狠。如《捉放》中之曹操，《下河东》之欧阳芳，皆使人见之切齿，恨不生食其肉。及一发声，一作势，又不能不同声叫绝。即问之座人，亦不知为好为恶"。剧作家翁偶虹回忆："以前京剧界称黄派曹操是有学问的奸雄。"根据以上两段文字记载，可把黄派曹操特点归结为：老奸，险狠，是有学问的奸雄。

1. 黄派曹操脸谱

曹操脸谱俗称"水白脸"，谱式不像一般花脸脸谱夸张变形那样大，很接近人的自然面部结构，可能还保持着中国传统戏曲原始化妆形态。黄润甫本人的曹操脸谱已很难看到，从现存的清末戏曲版画《战宛城》中的曹操图像中还可以看到黄所处年代曹操脸谱的大致轮廓。与黄同期的名净韩乐卿的曹操脸谱也同清末版画的曹操图像非常接近。他的谱式是白抹脸，水分一直画到脑顶处，枣核眉、大三角眼、眼皮上点痣，额部有通天纹。这个脸谱同近几十年的曹操脸谱比较，显得奸诈凶狠有余，含蓄蕴藉不足。

2. 黄派曹操表演的绝活

郝寿臣曾评价黄润甫说："黄三先生为什么是'活曹操'？就因为黄三先生下海（业余转为专业）前在衙门口当过差，肚子里有学问，人家能看《三国》。"真是一语中的，原来黄润甫与明代名净马锦有类似的经历。马锦为演好严嵩，曾到首辅家里当过三年看门人；黄润甫能把曹操演活，也因为有在衙门口当过差的生活底子。

黄派曹操到底有什么绝活？笔者在北京市戏曲学校师从郝寿臣校长学艺时曾提出过这个问题。郝校长回忆说："黄三先生演的曹操浑身上下都是戏，就连身上穿的蟒襟，随着剧情摆动起来都像会说话似的。"郝校长还举了一个例子，说明演员在舞台上如何向观众表达人物细微的内心活动。黄润甫演《逍遥津》时，为表现曹操杀伏后、斩穆顺时内心的激烈冲突，设计了一手耍相纱帽翅的动作，具体的舞台表现是他全身不动，只让帽翅上下颤动，以帽翅扇动的轻重幅度来表现曹操内心活动的激烈程度。黄润甫巧妙地运用程式动作创造人物性格，让曹操活在舞台上，活在观众的心中。

（二）侯派曹操

侯喜瑞（1892—1983）是喜连成科班的头科学生，他拜黄润甫为师，是与郝寿臣同时代的架子花脸。侯派曹操的艺术特色是：威武大方，干净利落，善用程式舞蹈动作表现人物的性格，唱念感情充沛，字字真切，常用炸音、沙音，唱法简洁质朴，苍劲之声有壮美之气势。

侯派曹操气魄宏伟，侯喜瑞虽身材瘦小却自有补救办法。他用神长、气长、腰长、缩小肚子、缩臂部肌肉使身体增高、增大。他特别强调演员的"精""气""神"，他演的曹操神完气足、光彩照人。

1. 侯派曹操脸谱

曹操的"水白脸"传到侯喜瑞、郝寿臣这一代演员，谱式已有了很大改进。脸谱的高度已从脑顶压到发髻下面，增加了宽幅，把哭丧脸变成了蕴藉丰富的脸谱。

侯派曹操脸谱是"细眉长目，齐眉挑炭"：用细眉表现曹操工于心计、文采风流；眼睛勾成笑眼，刻画曹操笑里藏刀；用眉间的挑炭表现曹操的气度，所谓"文中煞"，使人敬畏，又表现曹操多思多虑多疑的性格，用眉间的幅度纹突出其性格特点；在眼角下和鼻子两旁各有两长两短四条纹，称作笑纹，是用来衬托笑脸的。同时在印堂处抹些干红，红白相映，为水白脸增添了光彩。老年曹操脸谱，皱纹和眉毛改用灰色，纹理纤细，表现曹操晚年的苍老。

2. 侯派曹操代表作——《战宛城》

《战宛城》的故事见《三国演义》第16回。这个戏揭露了曹操为霸占一个女人引起一场战争，死伤无数。整部剧中塑造了一个非常完整的曹操形象。他有残暴无耻的一面，但在戏的前半部"马踏青苗"一折中却正面表现了曹操深知"民为邦本，本固邦宁"的道理，以及在行军中不毁民田的仁义之举。这样的曹操既是一个治军严整、爱惜民力的统帅，又是一个世俗的、充满个人情欲的普通人。这个戏充分地展示了曹操个性中善恶兼容、奸雄并蓄的复杂性，让人觉得曹操是一个真实可信的人物。该戏的成功之处在于：

（1）程式动作与人物性格的高度融合

"马踏青苗"是曹操戏中程式动作最复杂、难度最大的一出戏。侯喜瑞把自己的"大功架"身段用到统领千军万马的曹丞相身上，凸显出大军事家的宏伟气魄，于举手投足间处处有侯派"形式美"的特色。

这段戏的中心内容是惊马事件。惊马是通过戏曲程式中"趟马"这个动作体现的。同样是趟马动作，在《盗御马》中绿林好汉窦尔墩是在"御马到手"的情景中趟马的；在《艳阳楼》中，凶狠的恶少高登是在"顺者昌逆者亡"的情绪中趟马的；在"马踏青苗"中，曹操却是在"自传将令，吾先自犯"的复杂心情中趟马的。这个趟马，曹操还要左手抱令箭、令旗，右手执马鞭，两者互相配合，在趟马的基本程式中，身段动作变化非常丰富。侯喜瑞从曹操的人物性格出发，浓墨重彩地渲染了曹操骑在惊马上处变不惊的情景，技巧高超，确有大家风范。

看过侯派"马踏青苗"的人都觉得曹操真像驾驭着一匹难以驯服的惊马。这种真实的感觉要从戏曲美学的本质上找原因。有人认为，戏曲程式表演的美学特征是属于象征性的。演员手上的马鞭有一种象征的功能，暗示观众这个人物是骑在马上的，我认为这种解释不准确。戏曲中类似骑马、坐车、坐轿、上楼、下楼、开门、关门等一系列程式性动作，大多偏重虚拟性，而较少象征性，在以"做"为主的戏中更加如此。侯派曹操之所以像是骑着一匹真马，决定因素不在他手中的马鞭，而在于他把从生活中所看到的眼中之马变成胸中之马，再由胸中之马变成胯下之马，并注入活力，体现在他将生活中的真实动作提炼成趟马的虚拟动作，最终达到胸中有马，虚实相生，以假乱真。

另外，注意细节上的真实也是侯喜瑞把虚马变实马的方法。曹操的战马被斑鸠啄伤耳朵，导致受惊，生活中马若受惊两耳必然朝前，侯喜瑞设计了一个观察的动作，顿时增加了惊马的真实感，也从侧面烘托出曹操身经百战的军事家形象。

（2）舞台节奏与内心节奏的高度融合

"马踏青苗"集中了唱、念、做各种表演程式。侯喜瑞在运用这些表演程式时，一招一式都与音乐锣鼓经紧密结合，节奏鲜明。这种表演上的节奏性与剧情发展的起伏紧密结合，形成统一的舞台节奏。体现为"由慢到快、由快到慢"。戏一开始，曹操传下将令，行军中不许马踏青苗。大队人马在乡间小路缓缓而行，节奏是慢的。突然，战马受惊冲向苗田，曹操心急如焚，节奏一下子变快。继之，曹操几次降服惊马不成，只得被惊马驮着奔驰，在舞台上跑起大圆场，节奏越跑越快。最后曹操使尽全身力气，来个掏腿"半卧鱼"大勒马，此刻节奏迅速转慢。这几个漂亮的勒马动作都是在慢节奏中进行的，直到把马降住。有人会问，为什么惊马还在狂奔，演员的表演节奏却突然放慢了？这里面包含着戏曲表演节奏"快"与"慢"的辩证法则。试想，舞台上惊马奔驰的节奏已到顶点，这时再要加强气氛只有用相反的方法使节奏突然变缓慢，在观众不知将要发生什么事情全神贯注的情势下，侯喜瑞表演了一个掏腿"半卧鱼"大勒马动作。这个动作既在降服惊马的情理之中，又施展了高难度技巧，达到了情、理、技三者结合的黄金点，让观众惊心动魄，鼓掌叫绝，这种欲擒故纵的节奏规律，也包含着"先打闪，后打雷"的表演诀窍。

演员要想舞台节奏统一，必须使内心节奏与舞台表演节奏同步运转才能达到预期效果。内心节奏包括角色的心理变化和角色随着剧情发展情绪起伏的动作。演员心理变化指演员在表演角色心理变化的同时，还要听着音乐锣鼓的节奏，看着对方演员动作的节奏，把握着剧场内观众审美心理的节奏这种多维心理动态。侯喜瑞"马踏青苗"就具备这种舞台表演节奏与演员内心节奏高度融合的特点。

（3）内心体验与外形体现的高度融合

文戏武唱更是侯派"马踏青苗"的艺术特色。这出戏也因此产生了强烈的舞台效果。文戏武唱并不排除侯派曹操对人物性格的细致刻画。武唱的"武"也可以理解为舞蹈的"舞"。因为这出戏的中心事件——惊马，完全是由演员用趟马的舞蹈动作体现出来的。文戏武唱要求演员的手、眼、身、步、口五法必须纯熟、瓷实，否则演员就不能把精力集中在人物性格塑造上。那种"心里有千般体验，一上台手忙脚乱"的演员，只会把曹操身上的令旗、宝剑、髯口、马鞭、相纱搅在一起，乱成一团，舞台场面混乱，也就更谈不上塑造曹操的人物个性了。同样，有的演员虽然把人物性格演出来了，但功架身段不好看，也不能称为艺术。因为戏曲表演艺术不单要求演员"做得真，还要做得美"。这种把内心体验与外形体现高度融合的方法，用侯喜瑞的话说就是"发于内而形于外"。

（三）袁派曹操

袁世海（1916—2002）是富连成科班学生，后拜郝寿臣为师。郝曾对袁讲："不能把你揉碎了变成我，而要把我揉捏碎了变成你。"这句话已成为袁世海终生学艺的座右铭，引导他博采众长，甚至对生行的麒派艺术多有借鉴，形成了独具特色的袁派表演艺术。

1. 袁派曹操脸谱

袁世海对曹操脸谱的最大革新是为曹操的白脸上增添了红颜色。他打破了曹操脸上"面无血色"的先例。袁在曹操白脸的两颊加上了"红脸蛋儿"，使其红光满面，于富态之外更显得生气勃勃，这表明袁对曹操这个人物有自己的新见解。

2. 袁派曹操代表作——《群英会·借东风·华容道》

袁世海继承乃师郝寿臣的表演特色，在舞台表演上注入人物性格塑造，在几十年的京剧舞台上充分发挥其"架子花脸铜锤唱"的优势，对丰富发展曹操的舞台形象做出了新的贡献。《群·借·华》是袁世海后期演出最多的一出戏，可体现其风格特色。

"蒋干盗书"是曹操第一次出场。传统演法曹操是穿开氅、戴相巾。袁世海效法郝派曹操穿红蟒、戴相貂的扮相，一出场就把统领83万人马的曹丞相的宏伟气魄表现了出来。出场亮相，郝派演时还沿用"长锤"打上，用单楗子"大大大……"，曹操走上亮相。袁认为，这显得文雅有余，气势不足，便改成"撕边"上场亮相，给人气势磅礴之感，有先声夺人之效。

蒋干盗书回来，曹操杀了蔡瑁、张允，悔之不及，在斥责了蒋干"你本是书呆子，一盆面糊"之后，有一个体现沮丧心情的下场动作。郝派演时，甩袖后便直接下场了，袁世海在科班学的是甩袖后转身双背手，轻摇两下肩膀，跺脚走下。为了将曹操此时的复杂心情更准确地表现出来，他考虑用背对观众的动作表示曹操的心情很合适，但摇肩的动作似有得意之感，便改为摇头，并把这两种表演动作揉在一起，又加强了锣鼓与音乐的伴奏。现在的演法是：曹操对蒋干唱完"你就是他二人要命阎王"之后，配合上锣鼓点"扎扎仓"的伴奏，曹操甩袖斥责蒋干，再左手抓袖，右手抓袖，随着转身背手，造型亮相。在胡琴小垫头之后锣鼓起"长锤"，曹操摇头叹气走下场去。这段表演与音乐伴奏严丝合缝，剧场效果十分强烈。

"横槊赋诗"一场戏唱、念、做并重,袁世海发挥自己"架子花脸铜锤唱"的特长,刻画了拥有百万雄兵的曹操在与孙权、刘备长江决战前夕,酾酒临江,横槊赋诗,倾诉了自己政治上的抱负,表达了回忆人生踌躇满志的思想情绪。这场戏曹操有几次大笑,每次大笑都流露出不同的心情。第一次大笑是文武百官阿谀他"洪福齐天……"之后,他笑得爽朗而又含蓄;第二次大笑是西北风大作之后,曹操看到战船连锁,平稳无虞,从内心深处发出自负满意的笑声;第三次是当谋士程昱提出防备火攻的问题,他又用了一个狂纵的大笑,表现出内心轻蔑的情绪。紧接着他沉着地念出一段念白:"时值隆冬,只有西北风,焉有东南风?我军现居西北之上,彼军皆在东南,若用火攻,乃烧他自己之兵。"众官敬酒奉承,曹操再一次纵声大笑,从容地提起槊来,边做边念,历述他得意的戎马生涯。这段词袁世海念得字字铿锵,句句有力。接下来又朗诵了《短歌行》的诗句,曹操丰富多彩的内心世界进一步展现出来。袁世海在朗诵"何以解忧,唯有杜康"时情绪到达了顶点,他将之处理得气势雄浑、豪迈奔放,同时他设计了一个泼酒的身段,体现出曹操志得意满的心理活动。袁世海从整体上把握了这场戏的几个环节,把曹操的典型性格表演得十分生动。

袁世海演出《华容道》时,运用将唱念连为一体的方法成功地塑造了战争失利后的曹操形象。京剧表演中素有"旦角怕笑,花脸怕哭"之说,袁世海在处理《华容道》时为了表现曹操失意的心境,使用了一种夹唱夹念的表演方式,在唱腔的间隙中大量加进了念白,使曹操这个人物形象得以细致表现。可以说,这些表现手段对于塑造曹操的性格特点起到了关键的作用,一哭一笑,一哼一唱,一吁一叹,恰如其分地推动了曹操性格的塑造。在处理"眼落泪手捶胸口怨苍天"和"只剩下一十八骑残兵败将不好惨然"时将哭声与颤音巧妙地运用在音乐语言中,把感情融化在唱腔之中,从而产生了强烈的艺术效果。

袁世海尊重传统,又不拘泥于传统。他曾多次与剧作家翁偶虹合作,改编曹操戏《青梅煮酒论英雄》和《灞桥挑袍》。《青梅煮酒论英雄》虽已改编,但彩排未演;《灞桥挑袍》改编为《灞陵桥》,他与李少春(饰关羽)演出数场,效果很好,但后来在被诬为表现"曲线救国"而遭停演。

三、郝寿臣对曹操的独到见解和独门演技

郝寿臣(1886—1961)在花脸艺术上的创造是十分杰出的。京剧界花脸行当有"黑金(少山)白郝(寿臣)"之称。郝寿臣一生演出过17出曹操戏。从曹操刺杀董卓失败、被迫逃亡的《捉放曹》,一直演到成就霸业、加封魏王的《阳平关》,几乎囊括了曹操的一生。继黄润甫被称作"活曹操"之后又获"活孟德"之誉。郝寿臣的唱功私淑金秀山,做工私淑黄润甫,用"架子花脸铜锤唱"的手段丰富曹操的内心世界,深化曹操的典型个性,熔铜锤架子于一炉,形成与众不同的郝派曹操风格特色。

(一)郝寿臣对曹操性格的不同见解

第一,他认为曹操是一个英雄。不能把曹操只当一个大眼奸贼来演,即使像《捉放曹》那样揭露曹操错杀无辜的戏,对曹操也并非全盘否定,而力求把曹操处在逆境中,不甘于被命运拨弄的落难英雄的心理活动有层次地表现出来。让观众一面厌恶曹操,一面又同情他;一面不能原谅曹操,一面又理解曹操下决心蛮干的原因。郝寿臣曾想创作一出正面表现曹操文采风流、雍容典雅的《铜雀台》,可见他对塑造曹操的正面形象是有自己的见解的。1959年他听说郭沫若写《蔡文姬》替曹操恢复名誉,很感兴趣。但是他看了话剧本子以后,觉得剧中曹操的形象不是自己心里的样子,便失去了改成京剧让自己重登舞台再显风采的想法。我认为,这是两种不同戏剧观的矛盾。话剧是以写实为主,戏曲是以写意为主,两种戏剧观对生活中的人物反映是不同的,郝寿臣心中的曹操是个英雄,却不是完人,虚拟写意是对生活的变形,是经过戏曲美学原理过滤加工的艺术典型,而不是历史上的真人真事。因此他觉得话剧本的曹操"不够份儿",没有气派。

第二，他把曹操看成是一个有血有肉、有七情六欲的现实生活里的人。郝寿臣演曹操绝不从"忠"和"奸"的简单概念出发，他演过17出曹操戏，每出戏都是根据不同情景仔细分析，运用不同表演方法处理。

他从年龄、地位上分析，认为不能拿演"曹丞相"和"魏王曹"的一套方法来演《捉放曹》，这时的曹操还是个无依无靠的亡命的弱小者。在其他戏里无论曹操是得意或倒霉，愉快或憋气，胜利或失败，算计人或被人算计，基本上都处于人生顺境之时，即有权、有势、有地位、成了气候，因此为人处世就不用《捉放曹》里的蛮干办法。

从环境上分析，他认为《青梅煮酒论英雄》和《五截山》都是曹操同刘备面对面打交道的戏，因时间、地点和环境不同，表演时也要抓住这些不同去发挥。《青梅煮酒论英雄》是曹操在试探刘备，所以要不动声色，两个人在互相"逗神"。《五截山》是曹操气恼刘备，因此要外弛内张，两个人在彼此"揭短"。

从具体情节上分析，他举《捉放曹》与《逍遥津》为例。这两个戏的曹操最难演，虽然都表现曹操动手杀人，但两个戏的具体情节不同，处理方法也就不同。《捉放曹》的曹操在"行刺献刀"和"中牟说陈"中两次侥幸逃过掉脑袋的危险，他感到危机四伏，因此谨小慎微就成为必然，保护自己是出于本能。他起初不想杀吕伯奢，可转而一想，可能要招来麻烦，才决心杀吕。《逍遥津》里的曹操地位大大提高了，大权在握。可是，杀汉献帝是犯上的，杀穆顺也是违法的，他想先除掉穆顺又不好杀，只好反复地把宝剑抽出来插进去，最后逼得穆顺撞剑而死，其目的是为要让群臣看到是穆顺是自己要死，非他曹操动手杀人。

从人物性格上分析，他认为《捉放曹》里曹操"宁可负天下人，不要叫天下人来负我"的这句名言是让陈宫一连串的责问挤对出来的，有半真半假的性质。当时曹操还年轻，性格还不成熟，因此念白时在语气上不能念得十分肯定坚决。这与其他饰演曹操的演员念这句台词时咬牙跺脚的表演是不一样的。曹操有一股子一错就错到底的执拗个性，《战宛城》中曹操把张济的遗孀弄到卧室才发现做了错事，却咬牙说"事到如今只好将错就错，错上加错！"这种个性发展到《逍遥津》里杀汉献帝两个皇儿时就不同了。他反复询问司马懿和华歆的意见，当华歆说出"斩草要除根"时，郝寿臣在表演中做了一个会心的微笑而又隐约不发的神气，之后又问"药酒可曾带来？"曹操心里很明白，在群雄四起、三足鼎立、你死我活的残酷斗争中，自己心慈手软是要掉脑袋的。因此，在表演曹操几次杀人的处理上，杀吕伯奢全家是张牙舞爪的，杀两位皇太子时则成熟老练多了。这种性格上的发展变化，郝寿臣把握得非常准，表演得细致入微。

（二）郝派曹操脸谱

为了塑造出自己心目中的曹操形象，郝寿臣一改曹操哭丧脸的旧例，而是把曹操勾画成善变的两面派脸谱。他把传统的枣核眉改成直飞入鬓的剑眉，眼睛眯起来似笑非笑，生动地表现了曹操神秘莫测的复杂性格。

另一处较大改动是按曹操的年龄分成三种勾法：青壮年时期的曹操，如《捉放曹》，他的脸谱勾得高，紧靠发际以下，显得精神俊朗；中年时期，如《青梅煮酒论英雄》的脸谱比青壮年低一些，表现出他已成就一番事业，眉宇间显得凝练稳重；老年时期，如《阳平关》的脸谱稍微再低一些，眉子改为灰色，笔锋加粗，眼窝画细，纹理多偏垂曲，显得衰老。

勾画笔法上，郝校长采用将白粉涂到耳根，显出面团团的富态样来合乎曹操的人物身份；两颊、颧骨处涂得又稀又薄，隐约露出皮肤的自然颜色，既不妨碍面部表情，又使脸型凸起；双眉上加涂一层干烟子；眉间纹的蝠形缩小笔锋勾细，没有两条眉毛皱眉时连成黑墨一团的感觉。

（三）郝派曹操形体塑造的诀窍及内涵

一个老观众对郝寿臣说："我看过演曹操的人多啦，都没有你演得这么文气，这么体面，简直把曹操的心思全部做出来啦！"岂不知郝寿臣为了得到观众的这个评价，花费了几十年的心血。他认为曹操戏同其他白脸戏不同，他心目中的曹操是非常有才气的人，是大文豪、政治家、军事家，因此不能演得像猥琐小人。他经过反复摸索，寻找把握曹操造型的感觉，总结出除了从内心领会人物情感外，在外形上演曹操不能端肩膀的窍门。而一些戴奸纱的白脸戏，还有像《赛太岁》中的李七这一类人物有端肩膀的造型动作，如果放在曹操身上就没有文墨气了。

听起来这是简单的一句评价，里面却凝聚着老艺术家对曹操性格不同于一般人的审美评价。笔者就曾看到一些演曹操的演员为了体现出曹操的奸，甚至把曹操演成插科打诨的"大小花脸"式的人物，哗众取宠。郝寿臣从不赞成这种肤浅的表演，他把曹操看成是与刘备、孙权、诸葛亮、关羽同等地位的英雄人物，只不过在曹操身上有着明显的个性和缺点罢了，唯此才显得曹操的性格是真实可信的。综观郝寿臣的艺术创作，他绝不是单纯在演一个白脸人物，而是把行当程式为我所用，全身心地塑造一个突出个性的"活孟德"舞台形象。

四、观众为什么喜爱郝寿臣的白脸曹操

20 世纪 60 年代初，学术界掀起的那场"替曹操翻案"的争论，笔者不想评价谁是谁非，只想说明一个事实，翻案尽管翻案，时至 21 世纪，郝寿臣 130 周年诞辰的今天，人们仍喜爱小说《三国演义》和戏曲舞台上的白脸曹操。即使有历史知识的人也是如此。这是为什么？从根上说，历史与艺术是两码事，不该硬往一处扯。曹操典型性格的复杂性并不像一碗白开水，一眼望到底。

中国戏曲与中国古典小说的美学原理是一脉相传的，都喜欢把情节、人物、场面、故事交代得明明白白，不叫观者在这层面上费劲。但明白这层不算完，要紧的是里三层外三层，最里边还藏着一个核儿。艺术家对世态人情的发现、见地、感悟都在其中，这就是戏曲艺术的理性。这种理性认识和理性发现大多是从社会人生悟到的，是充满感性的，难以说得明白透

彻又不能说白说破，便深藏于情节故事之中，任由观者"顿悟"，不靠各执一词去猜。剧作者、演员能从生活中悟到它，是一种能耐，观众能从戏中悟到它，也是一种能耐。别看三国故事和白脸曹操这个人物妇孺皆知，有文化的能看小说，没文化的可以听书看戏，但真要悟到书中、戏中的核儿也并非易事。读者、观众各人经历和文化水平不同，领悟有深有浅，各有所得，一时悟不到可以看热闹，将来阅历深了，有所悟就有新的认识。看戏的一旦悟到了什么，一旦碰到这核儿，便进入审美体验的深层，进入更高更有兴味的审美层次。《梨园佳话》中描述观众看黄润甫演曹操时的"恨不生食其肉。及一发声，一作势，又不能不同声叫绝。即问之座人，亦不知为好为恶"的现象，即属于审美情趣中是与不是的模糊状态。中国的古典戏曲艺术，不论演者或者观者都追求这种审美情趣。

悟，属于中国古典美学中重要的审美范畴。中国戏曲具有的悟性显示了戏曲表演艺术的高超，文化上的深厚。多少年来观众不顾历史的真实，而偏爱戏曲舞台上的白脸曹操，只因为看曹操戏实在是一种有趣而又有益的事，白脸曹操的艺术魅力是值得人们去做"悟"的游戏的。尽管时代飞速前进，新观念层出不穷，但是《三国演义》和"三国戏"对世故人生的描述是说不完、看不够的。我相信，《三国演义》必定流芳百世，白脸曹操这一戏曲舞台上的艺术典型也将长久放射耀眼的光辉。

缅怀与回忆 继承与弘扬

李连仲

一、缅怀与回忆

我是本校京剧表演专业 59 班的学生，1959 年考入北京市戏曲学校以后，正好赶上了郝校长在校工作的最后一段时间。可以说郝校长是一位传奇性的人物，他的一生跨越了两个世纪。当我接到参会通知后，我又把由北京市戏曲学校主编，翁偶虹、尹廉钊、佟志贤、刘剑华执笔的《郝寿臣传》翻看了一遍，根据书中记载，郝校长 1886 年 5 月 10 日（清光绪十二年农历四月初七）出生于贫苦工人的家庭，逝世于 1961 年 11 月 26 日。自北京戏校 1951 年底招收第一批学生起，到他老人家逝世，整整担任了 10 年校长，默默无闻地做着艺苑苗圃的园丁。

郝校长任职时提出"授业必先育人，教育者首先应为人师表"的正确主张。他老人家以身作则，注重仪表谈吐，注重学生的品德教育。

郝校长治学严谨，他坚持"因材施教"的艺术教育原则，主张扬长避短发挥学生之所能，把一般教学与重点培养结合起来。他慧眼识才，每个学生的定行归工或改行定向都要经郝校长仔细研究，认真审定。老校长在任期间，北京戏校教学成果显著，第一届毕业生中人才济济，他们毕业后先到学校成立的北京市戏曲学校实验京剧团，后改建为北京实验京剧团，可以说当时的他们撑起了北京京剧界的小半边天。在庆祝建校 60 周年的演出中，我们编演的配乐诗朗诵中有这样的叙述：

学校初建，实在困难，校舍简陋，条件有限：

二十一根藤子棍儿，六支旧马鞭，仅有一块练功垫。

学生们披星月，顶风寒，每天走读到校园；

先生们口传心授做示范、刻苦训练早晚间。

唱念做打练"四功"、习学"五法"重规范；

一招一式，严格把关，一字一句，字正腔圆。

时间仅过三个月，教学成果已凸显：

《锁五龙》《望儿楼》，《二进宫》《铁弓缘》，

《石秀探庄》《黄一刀》，《太君辞朝》《铡美案》，

一出出、一段段，汇报演出获称赞！

各级领导来关怀，彭市长亲自视察到校园。

步履维艰整一年，学校由政府来接管：

综合楼、洗脸间，学生宿舍突击建；

练功棚、排演厅，教学设施大改善。

日新月异容貌变，脚步稳健得发展。

成立实验京剧团，阵容强大行当全，

流派纷呈技艺展，剧目繁多不一般：

《群英会·借东风》传统剧目《失·空·斩》；

《雏凤凌空》《红羊峪》，新编剧目是《于谦》；

《丰收之后》《海棠峪》，现代京剧连成串；

《战洪图》出国演，《箭杆河边》成经典。

回忆往事记忆犹新，正因为学校施教方针原则正确，教师们爱岗敬业、认真负责，学生们刻苦勤奋，所以教学成果非常显著。

我们59班进校仅3个多月就举办了第一场实习演出，我清楚地记得，那是1959年12月26日在中和戏院，演出剧目为《小放牛》《五台山》《铁弓缘》《二进宫》《雁荡山》，郝校长来到后台，看王福来老师给学生勾脸，并坐在上场门边幕后亲自为我们把场，斯情斯景令人难忘。在我们班"从艺55周年"聚会时，我感言道：

> 园丁辛勤育新苗，耕耘俯首心血呕。
> 一招一式严把关，一字一句口传心授。
> 手眼身法重规范，唱念做打极讲究。
> 进校仨月成果显，汇报演出中和楼：
> 开场戏《小放牛》，《五台山》上叙情由；
> 《铁弓缘》《二进宫》，生旦净丑全都有。
> 师哥们鼎力齐相助，《雁荡山》精彩压大轴；
> 郝校长亲自来把场，学子们初次登台显成就。

我清楚地记得，郝校长他老人家平时经常穿着一身干净平整的中山装，左胸前总是别着一枚徽章，满面红光精神抖擞，看上去既颇有威严又面目慈祥，每逢同学们见到他叫一声"校长好"时，他总会亲切地回应"同学好！"

最令人难忘的是1961年的11月25日，是个星期天，我们跟平时一样，返校后翻牌儿（说明你返校了）、上自习，然后洗漱完，就熄灯睡觉了。第二天（26号）一早，就听那起床铃儿响个不停，曹伦老师（生活老师）跑到各宿舍通知："同学们，起床后赶快到大练功棚集合！"我们也不知发生了什么事情。在练功棚集合完毕以后，时任教务主任的佟志贤老师迈着沉重的脚步，走到队列面前，眼含泪花用低沉颤抖的声音宣布说："同学们，我们敬爱的老校长于昨天晚上10点零5分因心肌梗塞，不幸去世了！"大家一时都愣住了，不知所措一脸的茫然，忽然听到有同学（好像是花脸组的）喊了一声"校长……"顿时，练功棚里哭声与抽泣声响成一片，当时的情景我印象太深了，随后停课三天，为他老人家举行了公祭仪式，我们都为敬爱的老校长守灵致哀，送他最后一程。

50多年前，我考入北京戏校，在校园里学习生活了9年，"拨乱反正"后，我再次考回学校站在了教师的岗位，自1980年起担任教学及管理工作直至退休。在学校长期工作使我对学校、对老师、对学生们怀有深厚的感情，衷心地希望我们的学校越办越好。

二、继承与弘扬

时光荏苒，转眼之间郝校长逝世已经55年了。郝校长从艺近70年，创造了风格独特的郝派艺术。《郝寿臣传》一书中记载着他一生演出剧目有：

1. 传统剧目165出，饰演角色114个，如《锁五龙》《捉放曹》《阳平关》《御果园》《断密涧》《沙陀国》《法门寺》《普球山》《黄一刀》等；

2. 自编剧目9出，创作并饰演角色8个，如《青梅煮酒论英雄》《头二本赛太岁》《打曹豹》《打龙棚》《荆轲传》等；

3. 与他人合作新剧目20出，饰演角色19个，如《鸿门宴》《野猪林》《马陵道》《八义图》《串龙珠》等；

4. 反串剧目12出，饰演角色13个，如《取帅印》之秦怀玉，《打龙袍》之陈琳，《小上坟》之萧素贞、刘禄景等；

5. 文明新戏4出，饰演角色4个，如《孽海波澜》《茶花女》等。

郝校长谢世之后，为了总结他一生的艺术成就和表演经验，经时任北京市文化局副局长的张梦庚等同志建议，组成了郝寿臣艺术整理委员会，委托北京市戏曲学校负责主编，编辑出版了《郝寿臣脸谱集》《郝寿臣演出剧本选集》《郝寿臣铜锤唱腔集》，为京剧艺术留下了极其宝贵的财富。

今后如何继承郝派艺术是值得重视和研究的课题，尤其对北戏来说更是责无旁贷，而当前花脸行呈现"十净九裘"的局面，笔者个人认为这实在令人担忧。我们学校在今后的教学工作中应该把具有独特风格的郝派代表剧目安排进来并传承下去，如:《二进宫》《黄金台》《双李逵》《黄一刀》《捉放曹》《双包案》《御果园》《法门寺》《醉打山门》《断密涧》《沙陀国》等许多剧目，把既可学又可演的戏继承下来，当年得郝校长亲授的学生还有几位健在，应该赶快行动起来，刻不容缓，否则失传的会更多。另外建议刘侗院长是否可以像编写《少年马连良》那样编写一出《少年郝寿臣》，郝寿臣、马连良都是我们的校长，这类戏的意义非常好，可以励志，用来激励教育后人，同时排练过程也可以培养锻炼一批新苗，促进花脸行学生的进步与提高，请院长考虑。

从郝寿臣到袁世海

周传家

打开中国戏曲发展史,发现很多戏曲剧种在其初期都是以"三小戏"(小生、小旦、小丑)居多,早期的京剧也是如此。后来,随着宫廷戏、袍带戏、公案戏、社会生活剧的大量涌现,净角和丑角戏的比重逐步加大。不仅以净角和丑角应工的剧目越来越多,而且在以生旦为主的剧目中,净角和丑角也成为重要的搭配。剧场里、票房中亦出现了偏爱欣赏净角戏和丑角戏的观众。由此涌现出不少技艺精湛,能与生、旦演员并驾齐驱的优秀净角演员和丑角演员,形成群星荟萃的繁荣景象。在众多净角演员中,郝寿臣独树一帜,成就巨大,影响深远。他与侯喜瑞、金少山并称"净行三杰",又与金少山并称"黑金白郝"(又称"南金北郝")。

郝寿臣(1886—1961),原籍河北省香河县,幼年随父迁居北京,开始了苦难的童年和艰辛的历练。郝寿臣7岁从吕福善学铜锤花脸,艺名小奎禄。不料满师之年,突遭嗓子"倒仓",不能登台演唱,竟在街头被八国联军抓差,到德国使馆当了杂役。聪明好学的郝寿臣趁机学会了俄语和德语。他渴望能早日重返舞台,但既非梨园世家,又非科班出身,更无名师带道,只好辗转演出于东北各地，还曾到过朝鲜，饱经风霜，长了许多见识，并得到古道热肠的唐永常的赏识、帮助和激励，开始刻苦练功，喊嗓吊嗓，坚持练武习文，学演昆曲。

郝寿臣深受名净黄润甫、金秀山的影响。黄润甫（1845—1916），光绪年间被选为内廷民籍教习，与名伶谭鑫培、郭宝臣、侯俊山、杨小楼、王瑶卿、金秀山、俞菊笙一起，被誉为"梨园八杰"。他戏路宽，能戏多，以工架、做功见长。他善于观察生活，把握剧中人物的性格，用不同的身段、动作、表情刻画不同身份、不同性格的人物形象；并能惟妙惟肖地在舞台上表现出同一人物不同时期、不同场合、不同心情的神态来。譬如同样是曹操戏，《战宛城》《捉放曹》《阳平关》《华容道》《击鼓骂曹》各不相同，因而有"活曹操"之称。

金秀山（1855—1915），光绪三十年（1904），被选入昇平署，享有很高的声誉。他嗓音洪亮，声调圆润，刚中带柔，且有膛音。既有何（桂山）派"黄钟大吕"之长，又有穆（凤山）派"婉约流丽"之美，并善于自创新腔。他的做工、台步稳健，动作大方，气度宏伟，讲究不同人物的不同面部表情，演出剧目以铜锤戏为主，兼演架子袍带戏。他的脸谱用墨讲究，以少胜多，构图生动活泼，世称"金派"。

郝寿臣在继承黄润甫和金秀山的基础上，结合自身条件，对架子花脸艺术进行了革新创造，历经数十春秋的艰苦砥砺，终于融金秀山铜锤与黄润甫架子两家艺术于一炉，创成被誉为"架子花脸铜锤唱"的郝派艺术，创造出"架子花脸铜锤唱"的新模式和新格局，提高了花脸行当的地位。所谓"架子花脸铜锤唱"，即在"架子花脸唱"工中，运用铜锤的唱法，并在口鼻共鸣的发音基础上，使唱念自成一格，形成了沉郁豪迈的郝派艺术。郝寿臣的唱受金（秀山）派影响很深，出自膛音，结合口腔，特别是通过鼻腔、口鼻共鸣，这种是典型的金派发音方法。念白方面，他讲究字韵和气魄，并把念白同做功、神情紧密结合，大段念白响亮沉着，对音量、速度、气口均有细致的区分和很好地结合，吐字行腔全用圆音，不走沙音。所以他的唱雄厚浑圆，与见棱见角的黄（润甫）派截然不同。他的念白与演唱风格统一，发声运用口鼻共鸣的方法，加以"撤音""咳音"等润色。厚重是郝寿臣的整体风格，他的演唱、念白中虽然嗓音有些闷哑，但咬金嚼铁，每一个字都有沉甸甸的分量。他把鼻腔音变为口鼻共鸣，灵活运用，洋溢着一种深厚的韵味，形成了独特的郝派唱念。

郝派艺术以气魄取胜，唱念韵味浑厚，工架结实凝练，演出全力以赴，表演浑然一体，且善于刻画人物。郝寿臣在艺术上极富创新精神，传统戏中扮演曹操、张飞、牛皋、焦赞等，很有自己的特点。他创造的荆轲、须贾、鲁智深等艺术形象给观众的印象非常深刻。他在时装戏《法国血手印》中扮演一位西洋人，《孽海波澜》中扮演杨钦三，表演也十分真实生动。郝寿臣在做功上造型漂亮、身手干净、眼神准确，他一生塑造的舞台形象各个栩栩如生，给观众留下了深刻的印象。

郝寿臣在脸谱上苦下功夫，他平均每年排演两本新戏，新创剧目人物的脸谱没有蓝本可参考，他就按照剧情和人物性格去创造新形脸谱。他还改革了勾脸的工具和方式，为众多的人物设计出符合身份和性格的服装图案。这种大胆创新的精神在净行演员中是十分难能可贵的，郝派脸谱艺术在京剧艺术的圣殿中独有其位，而且对京剧艺术的发展产生了很深远的影响。

由于郝寿臣净角艺术造诣深厚，1950年被中国戏曲研究院戏曲实验学校（中国戏曲学校前身）聘为教授。是年春，在一次戏曲晚会上，与萧长华合演了《醉打山门》，受到毛泽东、周恩来的接见。1951年，为支援抗美援朝，戏校的老艺术家自发举行捐献义演，65岁的郝寿臣首先请缨，于大众剧场前后共义演了五场，每场的大轴戏均由郝寿臣出演。接着于1956年出任私立艺培戏曲学校（后改为北京市戏曲学校）校长。他不仅亲自授课，而且对学生的文体活动和饮食起居都要操劳过问。为给戏校筹款义演，亲率弟子演了一场花脸大会，依次为王玉让《闹江州》、王永昌《草桥关》、袁世海《盗御马》，大轴郝寿臣、萧长华、李幼春等二本《赛太岁》《李七长亭》。

郝寿臣把一生的聪明才智贡献给京剧花脸艺术和京剧教育事业。郝寿臣早年师从吕福善、唐永常、朱子久、阎宝恒，曾得到刘鸿昇、谭鑫培的提携，先后应邀参加梅兰芳的承华社、程艳（砚）秋的秋声社、朱琴心的和胜社、马连良的春福社、言菊朋的民兴社、杨小楼的永胜社等班。与杨小楼、高庆奎、马连良、言菊朋、程砚秋、朱琴心、徐碧云等人合作，创造了许多花脸角色。郝寿臣一生演出220多个剧目，扮演160多个大小角色，亦反串过生、旦、丑等行当，还曾参加演出一些时装戏和外国题材的戏，擅演《赛太岁》《打龙棚》《瓦口关》《打曹豹》《红逼宫》《野猪林》《连环套》《牛皋招亲》《除三害》《下河东》《赠绨袍》《醉打山门》《芦花荡》等，尤精曹操戏，有17出之多，人物性格各有特色，决不雷同，故享有"活孟德"美誉。

郝寿臣敬畏艺术，坚持取法乎上，追求高标准，从艺态度严谨，讲究货真价实，从来不肯凑合。他自尊、自重、自爱，既尊重观众，也尊重艺术。以质论价，光明磊落，绝不以次充好，欺世盗名；也不自轻自贱，给钱就卖。据说，他把自己的所有戏码都根据艺术质量和规模难度定出价目来，用一张横条虎皮宣纸，中间横打一条线，竖画许多格，每格在线上开列戏名，下列价格，镶在玻璃镜框里，挂在客厅，公开陈列。不论谁来看戏，不论哪一位管事来谈，都是这个数目，一视同仁，言不二价，没有回佣，概不打厘，创制了十分透明的明码标价的梨园行新规。郝寿臣主张凡事都要定合同，啥事都要提前说清楚，一清二楚，有据可依，先小人后君子。表面看去似乎缺乏人情味，其实尊重的是规则，奉行的是契约精神。不论是对于社会还是个人，规则都是十分重要的。胡适曾说，只讲道德，不讲规则的社会很虚伪。"一个肮脏社会，如果人人讲规则，而不谈道德，最后会变成一个有人味的正常社会，道德也会自然回归。反之，一个干净的社会，如果人人都不讲规则却大谈道德、谈高尚，天天没事就谈道德规范，人人大公无私，那么这个社会最终会坠落到一个伪君子遍地的肮脏社会。就好比现在，我们每个人都会说中国人素质差，但是却没有一个人承认自己素质差。"梨园行水很深，有好传统，也有痼疾恶俗。有人怀有偏见，捕风捉影，以讹传讹，添油加醋，攻其一点，不及其余，否定攻击郝寿臣的管理方法，说他破天荒对戏份（薪酬）提出"一口价""要高价"，不够意思，不讲义气，见利忘义；由于他戏码要价过高，一般组班的不敢请。甚至连后来他为了给年青一代让出平台，退休不再唱戏，息影舞台，也被误解、被讥讽，说他因为"死要面子""养老退休，当封翁了"。面对这些不实不善之词，郝寿臣先生一笑置之。

其实，郝寿臣先生德艺双馨、侠肝义胆。最有力的证据就是：抗战胜利后，北平的国民党接收大员敲诈马连良未果，恼羞成怒，炮制了所谓的"马连良汉奸案"[1]，以报复惩治之。马连良遂卷入长达经年的词讼之劫，并因此几乎家财荡尽。年逾六旬，血性过人的郝寿臣听说法院查封了马家的财产，80多岁的马母悲恸欲绝时，拍案而起道："我决定去找萧和庄（字长华）萧先生，我们要联合戏界的几位老角儿，不管马连良的官司如何，我们先得保住老太太有饭吃、有衣穿，不能听其流落，才是正理啊……我敢负责担保马连良是爱国分子。我们在刚一事变（'七七'事变）时，一起排演《串龙珠》，描写异族侵略中国，屠杀百姓，拷打善良，视人命如草芥，宰百姓如鸡羊，因此激怒百姓，揭竿而起，拼死反抗压迫，反击侵略，男女老幼齐上战场，努力杀敌，卒驱异族，共复国土。这出戏充满抗战的意识。我们知道演了必定招祸，但为激励人心，马连良仍不顾一切毅然演出，期使国人同仇敌忾。果然，不久便遭伪警察局禁演，伪新民会传讯我们，险些丢了性命。通过这件事，我很佩服马连良的勇敢和爱国精神。假使有人不信，我愿出庭做证！"[2]

郝寿臣桃李满园，弟子很多，有王永昌、李幼春、周和桐、王玉让等，袁世海是其中的佼佼者，新中国成立后他在郝寿臣的基础上创立了一个新的架子花脸流派——"袁派"。

---

1 1942年10月下旬，马连良等40余人以"华北文化使节团"名义，前往东北演出，并将全部演出收入捐给奉天私立文化学院（后改名为奉天市伊光中学，即今沈阳回民中学）。

2 参见《郝寿臣脸谱集》《郝寿臣演出剧本选集》《郝寿臣唱腔选》《郝寿臣表演艺术》《郝寿臣传》等。

袁世海 (1916—2002)，生于北京一个贫困的家庭，两岁的时候，父亲因积劳成疾而撒手人寰。弟兄数人，仅靠母亲的一双手为人家缝补拆洗过活。艰辛苦难中多亏有京剧相伴随，他有一位和尚四大爷，四大爷的嗜好是京戏，看戏、听戏、再聊戏。没那么多钱买票进大戏园子，四大爷就带着袁世海跑到北京天桥去看小戏，结识了比他大几个月的街坊小朋友，名净裘桂仙的儿子裘盛戎。后来，袁世海凭着自己的能耐考进了富连成科班，得到总教习萧长华的调教，改学花脸。袁世海学戏认真，用功，爱动脑筋，有心胸。有好角、大艺术家来北京演戏，夜里他跟裘盛戎宁肯挨打也偷着溜出科班去看戏。名净郝寿臣的戏，他更是喜欢，可没少偷看偷学，虽说挨了好几回打，可这宝贵的观摩对他日后技艺的提高起了很好的作用，没白挨板子。

袁世海天赋并不是很好，嗓子经常"不痛快"，他学的是架子花脸，需要在念白、做工方面下功夫。当时的郝寿臣是架子花中的翘楚，他就处处模仿这位名净，架不住一个心眼往里钻，没两年他学郝已经有模有样了。他这时通过自己的努力，把本来没派来的活他也"要"过来了，许多露脸的角色他都来，像《盗御马》《连环套》的窦尔墩、《失街亭》的马谡、《群英会》的黄盖等等。最让他得意的是 16 岁那年，他因偶然的机会陪着已经大红大紫的师哥马连良唱了出《黄金台》的太监伊立。这个角色是名净郝寿臣的绝活，他在台上唱念做派，举手投足，模仿郝寿臣惟妙惟肖。台底下的观众议论说"多像郝爷，真不赖"。马连良也特高兴，包了 4 块钱做酬谢。从此，袁世海在科里来的角色更多了，而且更加追慕郝寿臣，大家都说他有"郝癖"。1940 年底，24 岁的袁世海终于如愿以偿，拜在郝寿臣名下。师父把郝派的许多独特剧目一一传授，袁世海通过对这些剧目的努力学习，唱念有很大提高。唱，主要是学会如何使架子花脸运用铜锤唱法；念，如何能在大段念白中，更加顿挫有力，跌宕有致，符合人物的各种感情变化。他最大的收获是洞悉了如何以京剧的唱、念、做、打、舞的艺术手段创造人物的方法，这是郝派艺术的精髓，无疑也为袁世海日后创作出那么多经典人物铺好了路、架好了桥。他的成功除了聪明机智，最主要还在于他的自强自立，刻苦努力，还有就是他悟性强，敢于突破，敢于创新。他敢于不按科班的路子演戏，而把郝寿臣等当红艺术家的表演技巧、刻画人物的方法"捋"了过来。既有刻意模仿，也有大胆融化，因而初步成为一个有个性的青年花脸演员，和他当年一起唱戏"玩"的小伙伴裴盛戎，成为菊坛上两颗灿烂的净角新星。

新中国成立之后，李少春和袁世海主演的《野猪林》轰动剧坛。这出戏，当年杨小楼和郝寿臣联袂演出，效果也是相当热烈的，但是剧本不够理想。这次李少春对剧本又做了很大的修改和丰富。林冲的戏无论是唱、念、做、表都增加了许多，而袁世海扮演的鲁智深，在人物性格和表演的艺术手段上，也都比老师郝寿臣创造的鲁智深饱满鲜明多了。这一版《野猪林》增加了唱段，并主要在人物刻画和身段表演上大大加强了。因为袁世海七年科班，基本功扎实，有武二花的本领，所以，他结合对鲁智深这一人物的分析，在表演上，又融入了侯派（喜瑞）火爆激烈的身段和节奏。如舞禅杖和跑圆场，手上、脚底下都有武净的功夫在。他塑造了一个侠肝义胆、智勇双全的莽和尚，和师父的鲁智深在许多地方都不同，观众对这个戏欢迎的程度远远超过当年杨、郝合作演出的《野猪林》。这出戏主要以林冲和鲁智深塑造的复杂性格取胜，在这么大的程度上突破了郝派的规范，已经看到袁派的雏形了。

接着，他和李少春又合作演出了新戏《将相和》。他扮演的老将廉颇，老师郝寿臣没有扮演过这个角色，他无法搞"模仿秀"。因此无论唱、做、念、打，都是他自起炉灶。当然，郝派技巧的精髓融于他的整个创作中，他更多的是按郝派创造人物的方法来塑造人物。演出相当成功，唱、念都从廉颇老将的感情出发，唱得激情澎湃，念得声情并茂，塑造了一个忠心耿耿，但居功自傲、难容后进的老将军形象。然而一旦觉悟过来，"负荆请罪"一折，充满感情地唱、念，真挚动人、催人泪下。他和李少春都朝着创造新流派迈进了一大步。

两个水浒戏，以李逵为主的水浒戏，开创了以架子花为主唱一个晚会戏的先河。过去没有花脸挑班的，后来金少山、裘盛戎都破了例，不过他们都是唱铜锤花脸的。郝先生腕那么大，也没敢挑班唱大轴。袁世海唱了《黑旋风李逵》，两个多小时，唱、念、做、打，门门精彩，把一个粗鲁豪爽、疾恶如仇的梁山好汉李逵演绎得活灵活现，入木三分。观众反应非常热烈，观众承认了架子花脸可以挑大梁、唱大轴的现实。继之的《李逵探母》是袁派的重要剧目。李逵思念老娘，冒着生命危险去接老娘，可是见到久别的老娘，却发现她已经因终日哭泣而瞎了眼睛。母子抱头痛哭，令观众也潸然泪下。这戏好就好在，一个大花脸把母子之情表现得那么深刻，那么煽情。他是怎么唱的？怎么念的？最动人处是李逵为了使瞎妈确认自己是铁牛时，创造性地在台上念了一段儿歌："打花巴掌嘞，正月正……"他扮的李逵偎依在瞎妈身边，拍着巴掌学着儿音，一句一句轻轻地念下去，又注视着老娘的面部表情变化，他越念越悲伤，越难抑制，终于涕泗横流，声音哽咽……这段念白，京白韵白夹杂运用，风搅雪搅得又那么有生活，又那么有艺术，太好了，太感人了，这是任何流派前所未有的，这是袁派的东西，是全新的创造。《李逵探母》一炮而红，成为每个唱架子花脸的演员都必须会唱会演的经典剧目，一唱唱了50年，至今演唱不衰。

　　一出《九江口》，使袁派艺术又得到进一步升华。1959年，为庆祝中华人民共和国成立十周年，袁世海排演了范钧宏改编的《九江口》，这部戏有许多精彩纷呈的段落。北汉元帅张定边怀疑从姑苏来的驸马张仁是敌方假扮的冒牌货。在"席前三盘"和"闯宫"两场里，在他和名小生叶盛兰扮演的华云龙唇枪舌剑、环环紧扣的念白中，袁派念白口风紧促、音节铿锵、感情充沛、字字入耳等特点，令观众赞叹不已。而在最不平凡的"孝服拦马"一场，张定边头戴麻冠，身穿孝服，拦阻陈友谅出兵，念白从人物感情出发，声泪俱下，吸收了一些生活的白口，让人觉得真实有力。而这其中大的唱段，他又大胆地运用了一段传统花脸前所未有的"二黄碰板三眼"，融合了周信芳的麟派唱腔，准确地揭示了张定边苦口婆心焦急劝导的心情。他在这出戏中塑造了一个孤忠一片又老谋深算的北汉大元帅形象，是那样感人肺腑、动人心弦，并且无论是在唱工、念白和身段表演上，都让观众得到审美愉悦。《九江口》就此成为袁派经典剧目，一直演到现在。

袁世海没有忘掉对他擅演的曹操的再创造、再提高。1957年拍电影《群英会·借东风》，经郝寿臣提议增加了"横槊赋诗"这场戏，多少曹兵曹将站满了船头，袁世海增加了唱段，大段念白念出了曹操志得意满、不可一世的感情，使得这里的曹操气魄大、形象新。

袁世海也演了好几个现代戏，最为人津津乐道的是《红灯记》里的鸠山。他仍然采用了不少架子花脸的手法，从生活出发，创造性地活用传统技巧，塑造了一个狡猾狠毒、色厉内荏的鬼子特务形象，为创造京剧反面人物提供了经验。

袁世海演艺生涯70余年，塑造了几十个鲜明的人物形象。他学习郝派又发展了郝派，他继承演出了众多优秀的传统剧目，又创造了十几出自己独有的剧目。他一生钻研戏情戏理，尔后有了自己演戏的理论。他的弟子众多，因此无愧地说，他创作了一个新的架子花脸流派——袁派，把花脸艺术发扬而光大之。[1]

如今，斯人已去，弟子们如吴钰章、李嘉林、谷春章、袁国林、马永安、罗长德、何永泉、舒建础等，也走的走，老的老。那么现在仍活跃在舞台上并深受观众欢迎的关门弟子杨赤应该如何扛起净行这面大旗，有所发展、有所前进呢？值得期待！

---

1 参见张永和、钮骠、周传家、秦华生《打开京剧之门》，中华书局2009年版。

不一样的郝寿臣

张燕鹰

京剧与其他传统戏曲剧种一样，有着不同的行当划分。净行就是其中一个重要的行当。在京剧发展的各个时期，都出现过一些出色的净行演员。京剧早期（清朝末年）的净行演员有徐宝成、庆春圃、钱宝峰等，对后来京剧影响比较大的净行演员有何桂山、黄润甫等。辛亥革命以后，郝寿臣、金少山、侯喜瑞、裘盛戎、袁世海等以唱功、做工为主的演员和武净演员钱金福等对京剧的净行艺术的发展影响深远。在这些净行演员中，郝寿臣独具特色，不仅形成了自己的流派（郝派），而且有着承前启后的作用，影响深远。

郝寿臣作为北京戏校的第一任校长，不仅是一个杰出的戏曲教育家，而且是一位出类拔萃的京剧表演艺术家。在郝寿臣从事京剧艺术的几十年当中，他最后被大家认可的是"架子花脸铜锤唱"这种艺术特色，而且以这种特色跻身于花脸行当的佼佼者之中。

人们通常用"文武昆乱不挡"来赞誉那些艺术全面的演员。但是，由于受到个人自身条件的限制，事实上绝大部分京剧演员很难达到这一水准，

79

因而在京剧的各个行当中，都有了更为细致的分工。比如，丑行演员分为"文丑"和"武丑"，老生演员有以唱为主的"安工老生"和以做工为主的"衰派老生"……在京剧的净行中，则出现了以唱功见长的"铜锤花脸"，以工架见长的"架子花脸"和以武功见长的"武花脸"的区别。

我们之所以说"不一样的郝寿臣"，主要基于以下几个方面。

一、早期学艺基础薄弱。在郝寿臣的少年时代，学习京剧艺术最主要的渠道是进入科班学艺。后来著名的净行演员中侯喜瑞、裘盛戎都是出自喜（富）连成科班，袁世海是出自中华戏曲专科学校，而金少山则是有着家学渊源的，唯独郝寿臣既无家学渊源，也没有进入过科班学艺。郝寿臣学习京剧其实只是一个偶然的机会。当时一个唱皮影的艺人有个孩子学京剧老生，需要一个唱花脸的小伙伴。那个皮影艺人见到了走街串巷吆喝叫卖的郝寿臣嗓音洪亮，就收他为徒弟。那时演出皮影戏，艺人除了操作影人，还需要配以戏曲演唱，称"钻筒子"，北京地区配唱的声腔曲调多为京剧唱腔。当时，郝寿臣学的是以唱功为主的"铜锤花脸"，老师是一个盲人。这些学习对郝寿臣的日后发展，并不十分有力。因为，"钻筒子"唱的京剧只是为皮影表演配音，只是唱，没有表演。虽然有些京剧名家也有过"钻筒子"的经历，但总体来说，"钻筒子"的"唱"的京剧水平有限。而盲教师对于戏曲演员在工架、身段表演方面基本上是没有帮助的。所以，最初郝寿臣学习京剧时，除了嗓音以外，唱和表演方面的基础是比较薄弱的。

二、从艺初期经历曲折。学艺期满后，郝寿臣像很多学戏的孩子一样，开始"倒仓"了。好嗓子没有了，又遇上八国联军的入侵，一些剧场取消了演出，郝寿臣中断了京剧表演，只能暂时从事其他行业，甚至被抓到外国兵营当"苦力"。等到有机会参与舞台演出时，嗓子不好，会戏不多，既非科班出身，又无名师提携的郝寿臣，在北京、天津这样的"大码头"，没有施展空间，只能到其他一些地方演出。辗转回到北京以后，虽然他还只能充当三路配角演员，但他在此间进行了丰厚的艺术积累。在这期间，他依靠自己微薄的收入，尽量多地观摩京剧名家的演出，包括金秀山、黄润甫等净行演员的演出。由于他的嗓音没有恢复，所以在各地的演出中，更多地学习了京剧、梆子等剧种多位演员的架子花脸的表演艺术。也正是有了这段曲折的经历，才使郝寿臣有了生活的积累，并汲取了诸多的艺术营养，为日后郝派花脸艺术的形成奠定了基础。

三、创立独特的郝派花脸艺术。在中国京剧的发展过程中，有一些相貌、形体、嗓音等先天的优越条件，并在表演、演唱等方面都近乎完美的演员，如旦行演员梅兰芳、老生演员马连良、武生演员杨小楼等形成了自己的艺术流派。但还有一些演员先天条件并不完美，经过自己的努力形成了具有鲜明特色的京剧艺术流派的演员，如旦行的程砚秋创造的程派唱腔，老生周信芳创造的麒派唱腔等。郝寿臣也根据自身条件，创造了特色鲜明的集"架子花脸"和"铜锤花脸"于一身的"架子花脸铜锤唱"的京剧郝派花脸艺术。

郝寿臣表演的架子花脸的做、表以黄（润甫）派为基础，但不局限于黄派；唱腔主要是宗法金（秀山）派，但不拘泥于金派。

在做、表方面，郝寿臣主要是采取"补"的方法，在唱的方面主要是采取了"变"的方法。

由于他最初是学"铜锤花脸"的，腰腿功夫略显不足，在表演一些对腰腿功夫要求比较高的剧目时，功夫不足表情补。如在《战宛城》中，在表演"马踏青苗"时，虽然武功技巧上略逊色，但在"受降"时丰富的表情，很好地显示了曹操的身份。

郝寿臣的唱腔与金派主要的不同之处是，金派唱腔使用"脑后音"，是从鼻腔音变为口鼻共鸣，颚腔收韵。但郝寿臣中气不足，基本上是从"脑后音"归入"鼻音"，所以他的大多数唱段都是使用"人辰辙"。但金派的唱腔比较简练，郝派的小腔变化较多。

郝寿臣一生演出过的剧目有 200 余个。大部分饰演的是传统京剧剧目中花脸角色，但也有少数剧目不属于传统京剧剧目，如昆曲《芦花荡》《醉打山门》等，时装戏《法国血手印》《孽海波澜》等。塑造的主要人物形象有李七、曹操、周处、窦尔墩、鲁智深等。在 20 世纪 40 年代，因擅于塑造绘着白色脸谱的曹操的形象，与擅于塑造绘着黑色脸谱的楚霸王形象的金少山并称为"黑金白郝"。

郝寿臣善于观察生活，在其演出不多的现代题材剧目时，善于从现实生活中汲取营养。如在时装戏《法国血手印》中饰演的一个西洋人的角色，借助了他在外国兵营做"苦力"时对"洋人"的观察。在《孽海波澜》中饰演的角色，也借鉴了他在现实生活中观察到的当时官僚们的生活动作。

总之，京剧郝派花脸艺术之所以与其他京剧花脸艺术流派不一样，除了他独特的人生经历和艺术经历之外，更主要的是他通过对所学技艺的个性化组合与重塑，是对已有艺术形式、模式的再加工，是对传统艺术的有机继承与改造。

漫话"金、郝、侯"和他们的流派艺术

王如昆

本文是节录笔者编辑的《述往思来话传承——孙元喜访谈录》第18章谈花脸行当中有关金、郝、侯的一部分，适逢纪念郝寿臣校长130周年诞辰，披露点滴，请大家指正。

访谈人：孙元喜老师，咱们谈到了四大须生、四大名旦及生行、旦行其他几位艺术大家，应该说，生、旦行当的发展也带动了其他行当的发展。生、旦、净、末、丑，咱们该说净行了，您把这方面的有关知识也和我们谈一谈吧。

一、净行的发展和衍变

孙元喜：好的，净行（俗称花脸行）这个行当挺有意思。男性角色在生、旦、净、末、丑中占了四个，其中"净行"占有一定的比例。

访谈人：好像这个"净"的称谓在宋元时期就有了？

孙元喜：对，那时叫"副净"，资料显示是"以插科打诨、滑稽调笑为表演特征"，从字面上看还含有丑行的职能。随着戏曲剧目的丰富，才有了花脸行当的正剧。戏曲表演要展现性格直爽、粗犷豪放一类人物，"凡为净者，类必宏嗓，蔚跂者为之"，要"蘸粉墨为黑面"（就是指勾画脸谱）。这些资料对花脸行的特征做了介绍。到了昆山腔时代，花脸行分成了大面、二面、三面。其中大面是指正净，二面是指副净，三面属于丑行（小花脸）。大面又有红面、黑面、白面之分。

访谈人：我们在校学习的时候，大概在20世纪60年代吧，有一批学习越剧的学生来北京戏校插班学习，插到我们京剧表演59班。这是一群南方妹子，没有男生。有个长得黑黑的大圆脸盘儿的女生，我们问她："你是学什么行当？"她操着南方口音说："阿拉学大面。""面"她发"蔑"的音，我们还拿她开心呐。因为我们小的时候，班里没有女花脸，也没有"大面"这个称谓。后来在王文娟、徐玉兰拍的戏曲彩色电影《追鱼》里面的"双包案"，真、假包公确实是女花脸，那时候知道了花脸行也叫大面。花脸可分为铜锤、黑头、架子花脸、武花脸、油花脸、特型花脸等。

孙元喜：花脸行再细分就是：

1. 大花脸，指偏重唱功的铜锤花脸、黑头花脸；

2. 二花脸，指偏重工架、身段、表演的"架子花脸"，包括"白面奸花脸"，我们俗称奸白脸；

3. 武花脸，指偏重把子、武打、摔打、跌打的花脸分支；

4. 以武花脸应工的特型花脸，扮的是钟馗、判官、巨灵神、周仓、花神、煞神等神鬼妖怪和异型人物。

花脸行最流行的称谓是铜锤花脸、架子花脸、武花脸三类。

访谈人：您这么一讲解就清晰明白了。

孙元喜：早年"净行"（花脸行）属于配演的位置，一是因为当时以花脸行当为主的剧目不多，二是因为花脸行当还尚未形成气候。大家看看京剧形成初期各个行当的人物画像，如《同光十三绝》，里面还没有花脸行当

郝寿臣先生诞辰130周年纪念集

的代表人物。

访谈人：还真是这样的。

孙元喜：后来随着剧目的丰富，表现人物的增多，花脸行当逐步出现了一些代表人物，如何桂山、黄润甫、裘桂仙等，这些代表人物把花脸行当往前推进了一步，但是还没有形成气候。据老前辈说，当年老生、旦角行当挂"头牌"，演出牌上几乎没有花脸行当的位置，就是有字体也很小，一般放在边边沿沿的位置。

花脸行当出现突飞猛进的时期是在 20 世纪 20 年代，出现了"花脸三杰"——金少山、郝寿臣、侯喜瑞，并逐步形成了金、郝、侯三个花脸流派，花脸行当地位提升了。"花脸三杰"是有历史功绩的人物，他们成为花脸行当的领军人物，提升了"花脸行"在戏曲界、京剧界的地位，从而形成生、旦、净、末、丑的格局。

访谈人：这些经过，我们曾经听郝校长的大弟子樊效臣先生讲过，我们准备做樊先生访谈，因老人家回云南，没有成行，可惜这之后老人家就过世了！樊先生是经历过这段历史的，他们这一辈儿看到了金、郝、侯之前和之后的变化，老人们说"金、郝、侯"是花脸行当前后变化的一个分水岭。

孙元喜：分水岭？这个词用得好，金、郝、侯开创了花脸行当的新纪元。

二、金派艺术见闻

访谈人：您先从金少山金先生说起吧。

孙元喜：金少山金先生创立的"金派"，在花脸行当中一马当先，他的风格是雄浑豪放、大气磅礴，唱、念、打并重又以唱功见长，尤其他那条嗓子威震梨园界，又是一个"前无古人"的人物。

金先生的戏我只看过两出。我记得 1946 年在民主剧场看他的《霸王别姬》，现在想不起来旦角儿是谁了。那天下的大雨把我浇得像落汤鸡一样。外头下着暴雨、打着惊雷，我进剧场里面去，正巧外头霹雳闪电，剧场里的花脸正在打"哇呀呀",真是只听见"哇呀呀!"听不见雷声,剧场里震耳欲聋。我说这是谁啊?后来一打听,他叫"金霸王",我才知道是金少山。我还看过一次他的头、二本《铡美案》。那时我还小,好像那时候金先生身体已经不是太好了。后来我们在窑台练功,就在松柏庵梨园义地那儿,见到老先生的墓地。

有关金少山金先生的传说很多。他自幼跟随父亲金秀山学艺,文戏跟何桂山、刘永春学习,武戏由韩乐卿等先生传授。金先生从小跟随父亲这一辈人在北京各戏院演出,他变声时间长,什么戏都唱,辗转各地最后落在上海。祖师爷赏饭,他嗓音恢复了,这下了不得了,他大高个儿,身材魁梧,高脑门、大长脸,勾上脸、扮上戏,扮谁像谁。他那条嗓子,高、中、低音都"响堂"。传说老先生大大咧咧经常误场,为了等他,前面就垫戏,观众不走,就是等他。前面的戏也不一定好好看。等他一进后台,这边儿勾脸,那边儿穿服装,他在后台这一嗓子,全剧场都听得见,有些老戏园子,房梁上噗噗地掉土,观众马上回到座位上,踏踏实实听他的戏。

据说他和梅兰芳先生在上海演出《霸王别姬》,连演几十场,场场爆满,那时就有了"金霸王"的美誉。他和擅演曹操的郝寿臣并称"黑金白郝"。1937年金少山回北京自己组班松竹社,形成自己的风格,创立金少山金派,开创花脸挑班的先例。说实话,花脸挑班的没有几个人。可惜老人家去世得早了点,鸦片把他给害了。他为人豪爽,常对别人慷慨解囊、救人之急,晚年处境凄凉、贫病而死,可惜了。

访谈人:金派也是红极一时呀!

孙元喜:真是,金派了不得,金派传人有吴松岩、张哲生、徐世光、王玉田、赵炳啸、王泉奎、娄振奎、赵文奎等。再传弟子有吴钰璋、梁再胜等。

访谈人:1948年金先生去世,据说,梨园行给老先生出了一个很讲究的"大殡",万人空巷送老人家。"金霸王"一代名净,可惜了。

三、郝派艺术见闻

访谈人：下面咱们该说说我们郝校长了吧。

孙元喜：金先生过世早，赶上"金霸王"时代的人不多了。我感觉他们这三位，"花脸三杰"也好，"花脸三鼎甲"也好，郝先生是最棒的。他为人正直、洁身自好、扶危济困，郝老在各个方面真是好样的。我在前面提过，他手把手教过我《火牛阵》，虽然我演的是个配角，但老人家平易近人，肯于扶持后辈。

访谈人：用现在的词，应该说是德艺双馨了。

孙元喜：对。咱们老强调德艺双馨，可是不少人，事到临头自己吃一点亏都不行，"德"哪儿去了？郝先生不这样，他在梨园行里、台上台下人缘都好。这说说容易，做到是很难的呀。

访谈人：您说的郝校长这方面，我们有深刻印象，郝校长的为人和治校，人人交口称赞，成为我们的楷模。

孙元喜：郝老活跃在舞台上的时间是不太长。他 7 岁学艺，因"变声"离开舞台一段时间，1910 年重返舞台，与金秀山、黄润甫、刘鸿昇同台演出。他有福气啊，和谭鑫培合演《捉放曹》声名鹊起，加入永庆社与杨小楼、梅兰芳、余叔岩、裘桂仙、马连良、高庆奎、程砚秋、言菊朋等前辈合作多年，1938 年就教徒授业了。郝先生的舞台生活不到 30 年时间，可是他在 220 余个剧目里扮演了 160 多个花脸角色，多不容易，对花脸行当的贡献多大呀！郝先生留下 26 出花脸剧目选段的唱片，留下《法门寺》《黄金台》《群英会》等剧目的录音资料，留下《郝寿臣表演艺术》《郝寿臣演出剧本选集》《郝寿臣铜锤唱腔集》《郝寿臣脸谱集》等著作，创出郝派花脸流派。郝先生还传承了许多花脸剧目，整理改编了《赛太岁》《打龙棚》《打曹豹》《瓦口关》等剧目，创新改编了《荆轲传》《野猪林》《青梅煮酒论英雄》《牛皋招亲》等郝派独有的剧目，创出花脸行当的虎音、炸音、脑后音、遏音、擞音、诶音、复沓音等，创出有特色的"架子花脸铜锤唱"。简单数一数这些功绩，郝先生对京剧花脸行当事业的发展，真是一代功臣。

访谈人：1961 年，郝校长在北京戏校首任校长的岗位上去世。郝校长是郝派艺术创立者，是著名京剧表演艺术家、教育家。他离开我们多年，后辈人知道的不是很多，我们这一辈有幸参与举办过"郝寿臣 100 周年诞辰""郝寿臣 105 周年诞辰""郝寿臣 110 周年诞辰"纪念演出、研讨会等活动。印象最深的是我们纪念郝寿臣 100 周年诞辰的活动。在那个年代举办这样大的纪念活动不是很多，当时引起社会各界的关注，相当热烈隆重。

我们记得纪念会、研讨会、新闻发布会是在北京民族文化宫，演出地点在北京工人俱乐部；推出的"郝派"代表剧目有：王文祉主演的《沙陀国》，孟宪达主演的《红逼宫》，孟俊泉、张学津主演的《审潘洪》，马永安、张学津主演的《捉放曹》，马永安、马增寿主演的《李七长亭》，樊效臣主演的《普球山》，袁世海担纲主排、主演的《群英会·借东风·华容道》，演员阵容基本上以北京戏校京剧表演 52 级的师哥们为主。

孙元喜：这些年北京戏校真恢复了不少"郝派"剧目。

访谈人：是啊，当时学校"全梁上坝"呀，北京的、外地的毕业生都回来了，大家一听纪念郝校长，二话不说，都铆上啦，唱了好几天呐。演出前，给郝校长扫墓、祭拜，之后在北京民族文化宫举办新闻发布会和郝派艺术研讨会，我们还自己动手找资料、布置展厅，举办了郝寿臣以及郝派艺术文物、实物展览。有几件事让我对郝校长印象非常深刻。

孙元喜：给大家说说吧。

访谈人：得说说，不说后辈人就什么都不知道了。

第一件，是他 20 世纪 30 年代获得的"活孟德"的赞誉。那是外国有人看了郝校长的戏、研究了郝校长艺术的精髓，由他们首先提出的，引起了社会各界的热捧。郝校长塑造了青年曹操、壮年曹操、老年曹操的形象，可谓蜚声中外。

第二件，是他塑造的荆轲、鲁智深、李七等人物，都足以名垂青史。尤其是《审李七》中的李七，人物造型、脸谱、念方言白和特殊的表演，打破概念化，从另一个角度改变了人们印象中的"江洋大盗"形象，塑造了一个在封建社会挤压下的"个性人"。从愤世嫉俗、恩怨分明的复杂情感出发，表现出有正义感的侠盗面目。他创造的这些性格各异、以新面孔出现的历史人物光彩照人、流芳千古。

第三件，他的《郝寿臣脸谱集》这本经典之作是刘少奇、王光美夫妇保存下来的，它本是国家主席心爱之物，因为"文革"的破坏，《郝寿臣脸谱集》的印刷版已经荡然无存，20世纪80年代末，我们和郝校长的大公子郝德元先生，根据这本唯一保存良好的脸谱集，重新制版、印刷了《郝寿臣脸谱集》。这也成为佳话，将铭记在中国京剧史册。

第四件，是他去世后，把房产捐献给国家，留下了"留给儿童"的遗言。郝德元和郝家后人实现了郝校长的遗愿，把他心爱的郝宅，建为国家培育新一代的教育基地，留下一段传世佳话。

第五件，是他治家、治校的方略和格言，其中包括郝校长刻在象牙笏板上的格言，饱含中华民族的传统美德。这也是一件足以传世的文物。郝校长培育京剧人才、严格治校十余年的经验和丰硕的艺术成果，永留人世间。

第六件，郝校长的文化程度并不高，却熟读《三国》，此外，他留下了演戏要"懂剧情、明戏理、懂戏词"的名言，他的"发于内、形于外"的表演心得和"掰开了、揉碎了，化为表演的人物"的教育理念等都是最实际、最实用的京剧表演、京剧教育理论，我们会永远铭记郝校长的教诲。

孙元喜：你们说得好。为郝校长组织的这些活动，能参加的我都参加了，你们是郝校长的学生，对老校长的深刻认识令我欣慰，也令我感动。

我看郝校长的戏好像比你们稍微多一点，为什么呢？我还赶上他们演戏、说戏的那个时候了。你比如说《群英会》里"蒋干盗书"这场，侯喜瑞先生的曹操是穿开氅、戴相巾（是软巾子），郝先生是戴相纱，穿红蟒（袁世海先生继承下来了），郝校长、侯先生各有特色，郝先生的扮相更像面临大战前的指挥官。

郝先生对"奸白脸"也有他的见解，他说："不要把白脸简单、概念化地划为'奸'，不全面。那也反映了曹操这一类人物保养得好，是'白团团'的脸，是充满智慧谋略的脸，也是政治家、军事家的风貌。"你看，郝先生很有独到的理解。对于那些不懂京剧，不了解京剧艺术家，就敢胡说八道的评论是个教育！说什么京剧脸谱化、人物概念化，这些观点是以偏概全，对京剧的不尊重。

访谈人：您的这个观点和评论，我们完全同意，也应该传承下去。

孙元喜：也许有人不爱听。评论家要深入学习，多接触京剧表演艺术，多了解我们的京剧艺术家才好。还说曹操的戏，咱们说说他那场《战宛城》，就是京剧艺术家大合作戏那次，那场戏真是太精彩了。是侯喜瑞、郝寿臣俩人的曹操，头一天郝先生饰演的前半部，后半部由侯喜瑞先生接。郝先生演的曹操一出去给人什么感觉呢？他不是眼睛眯着、算计人的那种奸雄，他有一种特殊的气质，那叫沉稳，一看就是有领兵经验的政治家、军事家。尤其到了《马踏青苗》这场戏，他没有"回头望月"这个身段，他是一个碰腿、趋步、一掂、一勒，抱着令旗、鞴马的造型，他是这个身段，所以侯、郝的表演是各有特色的。再比如，行军唱【北泣颜回】在"走马锣鼓"里打马、望路，这都一样，但到了马踏青苗"马趟子"的时候，郝先生跟侯先生不一样，郝先生是（以下为身段表演）："吁！"在"答巴台——顷来仓"的锣鼓中，他打靴底、回马鞭、双手、双缓、勒马亮相，在"嘟——仓""嘟——仓"锣鼓经中他那眼睛就盯着马脑袋。事出突然，郝先生虽有惊讶但是慌而不乱，还要讲究造型美，气势沉稳。同样一出戏，您的演法跟我的演法不一样，咱们各有所长，又万变不离其宗，但是，大家都认可"这就是此时此地的曹操"。

后半出戏，头一天荀（慧生）先生饰演前半出的邹氏，"过街楼"这场由筱（翠花）老板接，第二天是荀先生和郝先生，各有特色，别具一格。邹氏弹完琴以后上"过街楼"，丫鬟春梅请夫人看："您看那个白胖子。"这时郝先生、荀先生表演的感觉不单单是男女调情，给人什么感觉呢？郝先生的表演是"这个少妇长得真漂亮"，荀先生在楼上表演的则是"这人长得白白胖胖，怎么跟我死去的丈夫一样？"郝先生扮演曹操，不是见了女人就腿软的那种男人，他是另一种味道。荀先生那个表演不是风流的，郝先生不是好色的，我就站在边上，我是这样的一种感觉，他们表演的那就是爱慕的意思，很正常的男女之间的一见倾心、一见钟情那样。郝先生演的曹操是有文化底蕴的，感觉他非常爱邹氏又不能表露在外面。就是老先生说的"十戏九不同"，你可以这样演，我也可以那样演，各有各的理解，各有各的演法。郝先生这个戏，也不在"黑满"（曹操戴的髯口）上编个小辫儿、相巾上插一朵花儿，郝先生他没有，他就是中规中矩。后面张绣上来了"急速调转马头"是一个急的"屁股溜"下场，据说这是何桂山先生传下来的。

再比如说，郝先生的《飞虎梦》（也叫《牛皋招亲》），这个戏是郝派特有的，塑造了一个风趣幽默、粗中有细、出奇制胜的牛皋将军，这个郝派剧目流传至今。袁世海袁先生，他还有一个得意弟子王玉让也演过这出戏。这个弟子郝老也特别喜欢，可惜英年早逝。

访谈人：郝校长的学生王福来、席裕身在北京戏校都教了这出戏，演出效果很好。

孙元喜：郝先生有几个学生，比如王玉让演的牛皋，好多地方都学得好极了。还有樊效臣樊先生、周和桐周先生绝对是郝派，都是在表演人物。那都是郝先生创作出来的，很多经典的身段、重点戏，是郝先生传下来的。马连良先生说过，要演《火牛阵》，必须请郝先生来演，一般演员演不出太监伊立的那个狂傲，（京白表演）"双手能写梅花篆呐！"表演得恰如其分、非常到位，让人一看就是独揽朝政的狂妄奸佞，他把齐湣王都没搁在眼里，一般演员演不到那个份上。您听他《黄金台》的唱（演唱表演）"田法章啊说某太狂傲，把娘娘比妲己不差分毫。有一日他若能登大宝，(垛，起来唱）要把娘娘万剐千刀！"多狂妄啊。我最爱学郝先生的这些唱，过瘾，这才是黄钟大吕老花脸的味道，他演的这个伊立，狠劲又加上心虚，深知如果田法章得势，自己没有好下场，所以千方百计要杀田法章。你看《黄金台》"搜府盘关"一折中，他唱"御史衙前下了马"，撇着大嘴，拉着架子，上下一打量，这劲头儿，就将人物表现得淋漓尽致。我非常佩服他老人家。郝先生这些戏，《战宛城》《黄金台》《飞虎梦》《法门寺》我都看过，印象极深。

记得马连良先生跟我说郝先生的《串龙珠》身段表演："你要打他一下，问他一声，因何弃官要走？"马先生跟郝先生研究这些身段、调度，两个人挤过来、挤过去，念词："你要与我打呀，你要与我（垛头，答答巴仓仓顷仓）打！"太棒了！马先生跟我讲，他跟郝先生一起研究戏中人物，《四进士》中的顾读、《十老安刘》中的刘长、《春秋笔》中的檀道济、《要离刺庆忌》中的要离、《青梅煮酒论英雄》中的曹操等等都是他们二位精心合作的。

补充一点郝先生和马先生排《除三害》的故事。这出戏全部叫《应天球》，从开始直到周处学好了，最后挂帅出征、阵亡沙场。我和马先生说："郝先生是和您唱的《除三害》，我怎么没看过？"马先生说那是全部《应天球》，现在没有了。

访谈人：失传了。

孙元喜：《应天球》失传了，只剩下其中一折《除三害》。一害是水中鲛龙，让周处打死了；二害是山中猛虎，也让周处打死了；三害是周处自己，后来周处改邪归正、挂帅出征、英勇阵亡，让人感动。马先生休息时经常回忆往事，和郝先生是哪一年在哪儿演的《青梅煮酒论英雄》；郝先生和杨小楼什么时候演的《野猪林》；还有马、郝合作《串龙珠》《春秋笔》等等，他经常念叨，那都是老前辈留下的宝贵遗产。

看郝先生的表演绝对是规规矩矩、有棱有角，而且是"大班派"，大度、有气派。可是郝先生非常谦虚，说起自己的表演，他会说"我这点是跟何桂山先生学的""唱腔是郎德山的""我用的这个身段是穆凤山的"等等。一是说明郝先生不忘前辈的好处，二是说明郝派艺术的根基，这里面含有传承、创新的意义。那时候少有这些录音、录像这些设备，没有把郝派等各位艺术大家的资料保留下来，现在只有靠回忆、靠述说了，没有机会把各个流派艺术宝库再展现出来，多大的损失，多大的遗憾哪！开始我还没有能够认识得这样深，等岁数大了以后，再回忆和这些前辈在一起的时光，看看我们现在，更加感觉这种损失、这种遗憾无可挽回！

还有更遗憾的是，郝先生没有参加《群英会》彩色戏曲电影的拍摄。原定的是他饰演曹操，由于种种原因，未能参加，改为袁世海先生。郝先生提出了一个好点子，加一场《横槊赋诗》。《横槊赋诗》的导板、原板、垛板，这些唱一听就是郝先生创作的，是郝派艺术的经典。

访谈人：十多年前，袁先生给我们讲这个故事，说当时研究，《群英会·借东风》要拍成两部（电影片）时间显得短了，拍成一部时间又长了，郝校长建议拍成两部，要把《横槊赋诗》加上。决定之后，袁先生请郝先生教他，郝先生说："你是富连成的，你找萧老给你说戏。"袁先生又找萧先生，萧先生多谦虚呀，对袁先生说："你呀你拜师了，找你师傅去。"这又回到郝校长这儿，郝校长才给袁先生说了这出《横槊赋诗》。我们的感触最深的，就是二位老前辈的艺德，他们都能说戏，互相谦让又尊重，这就是我们后辈要继承、要学习的美德。

孙元喜：袁先生还说："加《横槊赋诗》是郝先生高人的眼力，从戏的完整性，从花脸艺术、郝派艺术的传承等等方面都意义非凡。我们按照郝先生的意思办，其他什么条件没有，听萧先生、郝先生的。"说实话，从《横槊赋诗》之后袁世海先生的艺术提高一大步，1956年的《群英会》《借东风》电影拍完了，他的《九江口》《李逵探母》《河伯娶亲》这些戏都上去了，袁先生受益啦。

访谈人：通过袁先生说的这件事，我们感受到郝先生、萧老等前辈艺术家的高尚。

孙元喜：所以我要说说郝派艺术的兼收并蓄了。据徐兰沅徐先生说，郝先生把郎德山的唱，黄润甫、何桂山等花脸行的表演，兼收并蓄，拿来为我所用，然后形成自己独特的风格。马先生说你看郝先生来个孟良都有特色，就这《穆柯寨》（演唱表演）："紧紧加鞭恨马慢，离却了黄河奔阳关。北国胡儿造了反，它要夺我主爷锦绣江山——"郝先生唱的那叫黄钟大吕，一个字儿一个字儿的那个劲头，真是把花脸艺术推向了一个高峰。现在年轻人唱戏能赢得观众"叫好"就行，郝先生不是，他的唱、念、功架、表演全在人物当中，如《黄金台》（念白表演）"难道说这孩子他上了天了吗"，他突然把"天"的音挑上去，突然转脸看田单，那眼神好像逼着问："你知道他在哪儿吗？"所有的表演都在戏里头，没有这些表演，就只剩下张牙舞爪喽。我就坚持要学就学真的。郝先生他这一生包括在北京戏校做的事功德无量，培养出张学津、孙毓敏、李玉芙、李崇善、孟俊泉、马永安等戏曲界的中流砥柱，他们也成为名家了。

纪念郝先生的书也看了，今天就我看过他那些戏，产生的感想，把郝先生表演艺术做一点点补充，也只能这样了。因为我看郝先生的戏大多是他们演出大义务戏时看到的，有拍摄《群英会·借东风》时的排练，有说戏，有《战宛城》的排练演出，还有《八蜡庙》的金大力，不是大合作戏郝先生他能来这样的活儿吗？他不可能的，他谢绝舞台多少年了，后来做校长又承担着教学任务，为培养戏校这些小学生服务，这多不容易，问题是郝先生这一辈前人给我们留下这些遗产我们应该如何继承？如何发扬？这是给我们留下的一个很难、很大的问题。

祖父鲜为人知的故事

郝天恩　郝天慈　郝天意　郝春荣

新中国成立了，告别舞台多年的祖父走出家门，走街串巷，动员生活殷实的家庭踊跃购买国债，支援新中国建设。他身先士卒，带头认购。

不久，北京戏校成立。众所周知，戏校是一穷二白，校舍、教具等等不可能从天上掉下来，需要老艺术家们团结一致、共同努力。祖父被委任为校长，团结同人、带头奉献。没有两天，他把自己珍存的所有舞台道具，包括大练功镜、小练功镜、脚踏风琴、精致的打琴等乐器，还有好几件硬木的桌椅、床都运用到学校去了。

设备可以大家凑。但新中国成立初期，一所新成立的戏校，师资怎么办？尽管有些老艺人自愿来教学，但师资的质量是不可忽略的，并不是在旧社会功成名就，还可以身体力行的艺术家都自愿来戏校任教。为此，作为校长，祖父礼贤下士，自己花重金，置办应时的礼品，不是今天到这家，就是明天到那家，苦口婆心，为了戏校教学的高质量拜求众位。

戏校招生了，面试是艺术类考试的第一要素，尤其是戏曲类，因为演员要扮演剧中的人物。考生的容貌、嗓音、身体素质等决定着考生所选行当的未来。祖父对考生报考什么行当很重视，因为他要对考生及考生的家长们负责。男孩儿马永安报考净行，祖父托着孩子的脸，仔细端详了半个多小时，孩子天庭饱满、圆圆的脸，适合扮大花脸的妆，祖父同意这孩子报考净行。女孩儿王晓临报考青衣、花旦行当，祖父端详她许久，建议她学老旦，她不喜欢。祖父认为她是老旦的好苗子，为了劝说她，周日把她接到我们家来吃午饭，掰开了揉碎了给她讲："根据你自身的条件，如果学老旦，日后一定比学青衣、花旦有前途。"三番五次的规劝，晓临最终改行学老旦，在她多年努力下，毕业后走向社会，成为老旦名家。张学津和燕守平两位同学，在老艺术家和我们祖父的建议下，张学津改学老生、燕守平改学音乐，这两位毕业后走向社会，都是名家啦！

开学了，课室、练功场地、宿舍都非常简陋。但既是正规的戏校，就必须严格纪律、严谨教学，教师要为人师表，学生要尊师爱校。祖父以身作则，无论狂风暴雨、大雪纷飞，他都准时到校、正襟危坐给花脸组学生上课，课后处理校内的种种工作。他非常心疼学生们，冬天给孩子们买棉鞋、手套、棉帽子，那时宿舍取暖是烧煤球炉子，他担心孩子们煤气中毒，经常叮嘱辅导员们注意安全。他还给孩子们买水萝卜，避免孩子因干燥而上火。他的花脸组课室，常备些秋梨膏、小食品，以便奖励用功的孩子，这一切都是他自掏腰包，从未用过公款。几乎每天中午，孩子们该用午饭时，祖父都会到食堂，叮嘱大师傅们："不要总做炸酱面，不要把菜做咸了，因为孩子们要用嗓子……"

祖父的治学理念是：孩子们不仅要学好京戏，还必须学好文化课，即语文、历史、数学等。每一出戏都是一个历史故事，历史就必然有一定的时代和背景。故事必然由人物组成，而人物有各自的性别、职务、个性等。每出戏的中心思想是什么？观众观后应收获什么心得？祖父认为一个演员，不管你是哪个行当，既然是在戏里，你的表演就必须符合故事的时代背景及你扮演的人物的身份。如果演员没有文化或文化较浅，就不容易把人物表演得恰如其分，更不容易把人物的内心世界表演得淋漓尽致。在我家课桌下，有几部线装书：《三国演义》《水浒传》《西游记》《隋唐演义》《七侠五义》，都是当年祖父演戏购买的，每部书上都有他用红色笔写的眉批，凡是他演的人物，都用红色笔写出了他的感受。他只有两年私塾的文化，许多字不认识，他买了一本《康熙字典》，一个字一个字地查。他为了演好曹操，多次到北京大学请文学系教授分析人物。

旧社会的科班，讲究"打戏"，即教师在任教过程中，不是体罚学生，就是打学生。祖父对这种教育方式深恶痛绝。他的理念是：教师首先要敬业，对学生要以爱心和耐心循循善诱。在北京戏校尚未成立的解放初期，祖父曾被聘任为中国戏校教授，但他实在不适应一些老艺人体罚学生和打学生的教育方式，不久，他辞去了在中国戏校的教授职务。

有史以来，戏曲界和武术界的门户之见是教师的"法宝"。学生师承就必须终生遵从，不可"移花挪柳"，否则第一条罪责就是不尊师。祖父的教学，破除门户之见，他在讲课过程中告诉学生，这一段戏是按某某前辈的唱法，那一段是按另一前辈的演法，他从来没自称是郝派。他这样讲课，是启发学生多思考、多体会，给予学生未来发挥自己天赋的能力。在讲课中，他因材施教，学生们各自天赋不同，为了学生们的未来，祖父按不同天赋给予不同的教导。学生们进入高年级时，为了他们毕业后，顺利进入剧团，祖父定期带领学生到剧场观摩名家的演出。孟俊泉同学自幼喜欢裘盛戎先生的花脸戏，一次观摩后，祖父带领学生们到后台，拜谢各位演员，并特意将孟俊泉同学引荐给裘盛戎先生，拜托裘日后收孟为弟子。

功夫不负有心人，祖父严谨和创新的治学再加上祖父一向谦虚礼让，团结广大同人，北京戏校的教学成果蒸蒸日上，得到国家领导的肯定和赞赏。国家领导人号召全国各地戏曲学校的师生，轮流到北京市戏曲学校来观摩教学。

20世纪50年代，经常有外国艺术团体来北京演出，国务院必有迎宾和送宾的宴会。每当半夜，我家门铃声响起，必定是国务院工作人员给我们祖父送请柬来了。每次回家，周恩来总理总是一手拉着我们祖父，另一只手拉着萧长华爷爷，两位老人一左一右坐在总理的身旁。总理敬重这两位老人，说他们二位在旧社会和新社会都是德艺双馨的艺人。

旧社会各行各业，为了生存彼此竞争，但祖父以德为先。他不是科班出身，故吃了不少苦，受过同人排挤和屈辱。但祖父自强不息，胸怀宽阔，他宽容、厚德地赞美他人的优点，当排挤他的人有难时，他也会慷慨解囊相助。

我们家所在的四合院奋章大院里，祖父不是最富有的。但四邻有拉洋车的、倒脏水的住户，他们有时向祖父求助，祖父宁可自家省着过日子，也由衷地乐于帮助邻里。邻居有位盲人先生，时常在我们家大门外的门墩上坐着弹单弦。每当我们家包一顿饺子时，祖父听到先生在弹唱，便嘱咐我的祖母包好了先煮一锅，让孩子们端给先生吃。多好的祖父啊！他把爱给了世人，还教会了我们爱世人。到如今，奋章大院一带的邻居们，还在为我们祖父挑大拇指呢！

1961 年 11 月 26 日夜，祖父的心脏停止跳动时，苍天哭泣了。时已是冬季，但小雨不停地洒向大地。

德艺双馨

——怀念祖父郝寿臣先生

郝天慈

近十余年，我有幸参加了整理祖父郝寿臣艺术遗产的工作，参加这项工作的人们一致认为，祖父的艺术遗产是我国文艺界的宝贵财富，祖父的戏德更是人们学习的楷模，尤其值得宣扬。今年恰好是祖父130周年诞辰，我写此文，以志纪念。

一、郝寿臣先生的艺术成就

郝寿臣原名郝瑞，艺名奎禄，1886年生于北京，8岁时，因家境贫困便典押在唱影戏的艺人王德正门下，随吕福善学艺，工铜锤花脸。7年满师后，因嗓音变声而离班，不久被八国联军抓去充当杂役和马夫，时达5年之久，后借机逃出，重返舞台。但因嗓音未复，加之他非梨园科班出身，难以跻身北京舞台，便毅然漂流江湖，三闯关东，先后在营口、大连、沈阳、沙河子、公主岭、哈尔滨、安东及朝鲜的平壤和仁川等地演出。这期间，他一方面刻苦喊嗓练功，另一方面与一些老艺术家同台演出增长阅历，在技艺上有了很大长进，这为他后来在唱工上师承金秀山，在功架上宗法黄润甫，为最终确立"架子花脸铜锤唱"的艺术方向奠定了基础。

1910 年，24 岁的郝寿臣回到了阔别已久的北京，在东安市场丹桂茶园搭班演出。因他在王瑶卿演出的《五彩舆》中，出色地扮演小角色受到了观众的热烈欢迎，从而得到王的认可，从此在北京有了立足之地。后来，他在北京先后参加了三乐、太平、玉成和鸿庆等班社，使他有机会与金秀山、黄润甫、刘鸿昇等花脸前辈同台演出，得以观摩学习这些名家的精湛表演技艺；同时，他利用一切机会观看其他名家的演出，开阔眼界，增长见识，并且刻苦阅读古典名著，加强文化和文学修养，深入理解各类历史人物，增长自己的艺术才干。由于他艺术上虚心求教，矢志好学，因而得到许多前辈的垂青，在艺术上有了长足的进步。一次，他和伶界大王谭鑫培合作演出了《捉放曹》，观众反映极佳，遂被约请，加入了谭的永庆社，并相继与杨小楼、梅兰芳、余叔岩、马连良、高庆奎、程砚秋等名家合作，艺术上日臻完美，声望日增，开始跻入名家之林。1937 年 7 月日本发动全面侵华战争，祖父因不满日帝侵略，愤然退隐舞台，蓄须明志。他在 40 余年的艺术生涯中，共创编和演出了 206 个剧目，扮演过 146 个不同类型的角色。他能戏之多，塑人物之美，使内外行为之叹服。他在艺术上始终坚持革新创造，敢于突破传统陈规，把京剧花脸艺术推向一个新的高峰。他塑造的大义凛然的荆轲，残暴骄纵的夫差，鲁莽粗犷的张飞，清廉刚正的包拯，飞扬跋扈的伊立，侠肝义胆的鲁达、窦尔敦等艺术形象，给人们留下了极深的印象。他在"水白脸"方面有特殊的艺术成就，尤其是对曹操戏剧形象的塑造，更受到内外行的推崇。他一生共演了 17 出曹操戏，从《捉放曹》的青年曹操到《阳平关》的暮年曹操，着意刻画曹操的刚愎自用、狡诈奸险等性格侧面，同时也注重对其作为政治家、军事家、文学家风度气质方面的表现，从而获得了"活孟德"的声誉。

在净行唱念技巧上，他既吸收了铜锤花脸运用鼻腔共鸣之长，又继承了架子花脸的虎音炸音等特色，而且还创造和丰富了许多独有的发声技巧，形成了自己的演唱风格，这就是他所探求的"架子花脸铜锤唱"的精髓所在。

在人物造型上，他也有许多独特的创造。如对各种脸谱的勾法和构图，十分注重运用骨骼和纹理来表现人物性格，他的谱法构图严谨，神采奕奕，绝无雷同之感。在人物的服装设计上，他首创了曹操大红平金蟒、马武的绿平金靠、李逵的蝴蝶黑褶子、鲁智深的露肚袈裟等，使人物身份适度、造型鲜明、光彩照人。

他之所以能在艺术上取得如此显著的成就，第一因他有着为京剧艺术锲而不舍的献身精神；第二他能在艺术上广泛师承，博采众长，并且勇于革新创造；第三是他一生都非常重个人的品德和文学修养。凭借这些努力，使他这样一个身处旧社会卑微地位的戏曲艺人，能够摒弃鄙俗、不染泥污，成为品德上和艺术上受人崇敬的一代名家，并在花脸行当中成为一个独具风格的流派——郝派。著名剧作家、评论家翁偶虹先生曾这样评论："回溯郝寿臣三闯关东、株守京华、甘为牛后、几番豹隐、酸甜苦辣的人生滋味都凝聚在他的艺术结晶之中，他那结晶如石室宝藏的艺术之库，直到现在仍然璀璨灿烂、熠熠照人。谁不承认郝派艺术不仅广阔深远地影响了花脸本行，而且还影响了京剧其他行当……""郝寿臣先生的成就与杨小楼、四大名旦、四大须生同彪千古，无分轩轾。郝派艺术不仅是郝派本门艺术，而且是京剧中整个花脸行的艺术。"如此看来，郝寿臣先生在花脸行承袭前人，启迪后代的历史作用，恰与生行中的谭鑫培、旦行中王瑶卿一样，可称是承前启后的一代宗师，在京剧史上写下了光辉的一页。

二、郝寿臣先生的高尚情操

旧社会里艺人地位低下，被人欺侮。郝寿臣先生历经坎坷，饱尝辛酸，终至成名。他痛切感到，艺人要想得到社会尊重，就必须先自我尊重、不染污泥，做个正直的人。这一认识上的飞跃，使他的人生目的更为明确。由此，他更加严以律己，注重学习，敦品立德，埋头事业。他为了团结同行精诚合作，不仅自身表演认真、作风严肃，而且能够敬长尊幼、恪守信用和注重戏德。在赢得声誉以后，他时时告诫自己要谦虚谨慎、戒骄戒躁。他把"学到知羞处，方知艺不高"当作座右铭，把"聪明本是道德助，道德引入聪明路，不使道德使聪明，聪明反被聪明误"的格言写在经常使用的剧本的醒目位置，时刻提醒自己。他的这些优秀品质，在同行中赢得了极高的威望。他高尚的戏德，至今还是京剧界流传的佳话，为人们称道。

1933年冬，百代公司约祖父和裘桂仙一起合录《白良美》和《洪羊洞》唱片。这次录制是以祖父的唱段为主。录制之前，裘桂仙问他："二弟，咱们怎么录？"他坦率地说："您的大黑（指尉迟敬德），我的小黑（指尉迟宝林），您的红（指孟良），我的黑（指焦赞）。"裘桂仙赶忙说："还是您的大黑，我的小黑，您正在当龄，我已然不行了！"祖父谦让说："不，不，我红到顶点是架子，您是铜锤，您正在沛儿上，咱可不能让外界笑话呀！"最后就按祖父所说录制了。这件事使裘桂仙深受感动。

李多奎是继龚云甫之后比较有名气的老旦演员。他与祖父差着一辈儿。当年，在庆盛社里祖父和高庆奎挂并牌时，李多奎的名字只能挂副牌。一次，祖父在剧场化妆室里对李说："多奎，你跟我唱《徐母骂曹》，你明天到我家里去，我给你说说戏。"说戏时，祖父把当年与龚云甫合唱《徐母骂曹》时的情景以及龚的表演艺术都讲给他听。演出前，祖父嘱咐写海报的人把李的名字写在上首。李考虑自己是晚辈，且又是后起，名气远不及祖父，当即表示不同意。祖父说："演《徐母骂曹》，你是主角，曹操是配角，你的名字理应在上首。"演出那天，剧场门前两个门框上的海报上首写着"高庆奎、郝寿臣《史可法》"，下首列着"李多奎、郝寿臣《徐母骂曹》"。给人一种感觉，好像高庆奎的庆盛社的二把手不是郝寿臣，而是李多奎。

有一次，祖父与武生泰斗杨小楼合演《恶虎村》。戏中有两个花脸：一个是濮天雕，是架子花脸；一个是武天虬，应归武二花脸。按理祖父应演濮天雕，另一位花脸演员应演武天虬。可是这位演员不服气，于是在演戏时故意哄戏。当祖父的念白"赃官好比笼中鸟"得到了满堂好时，这位演员也模仿着他的声音念下句"谅他插翅也难逃",结果台下哄堂大笑,把个好端端的戏全都冲淡了。但是祖父并不计较这些。到了这位演员晚年的时候,祖父一直很照顾他。原来他没有班,只靠杨小楼的戏班,杨不唱戏,他就没有生活来源。一次,祖父对马连良说:"让××搭你的班,把钱开好点儿,好让后人多学点儿他的武二花艺术。"这样既解决了他晚年的生活问题,又培养了下一代。

祖父先后收了樊效臣、袁世海、周和桐等七位弟子。在给弟子授艺时,他始终坚持首重教人,次重授艺的方针,要把几位徒弟培养成为德艺全面发展的演员。他经常教导徒弟们说:"演员要重戏德。'德'与'得'有同样的意义。重戏德就是使观众得看、得听、得欣赏、得理解真正的艺术,还要使同台的演员得演戏。总之,重戏德就是尊重艺术、尊重观众、尊重同行。"他还教导说:"每场演出必须早下后台,不准误场。在后台要听招呼,不要让管事人为难。每次演出必须严肃认真、一丝不苟,不许哄戏和混戏。对待同行务须谦虚谨慎,绝不可骄傲自大,歧视讥讽……"

祖父对弟子严格要求,他自己就是这样做的。每当他有戏时,总是提前到后台,遇到脸谱难勾的角色,如李七,脸谱是用拧眉挤眼的形式组成的歪脸,勾时难度很大,他就早到一个小时。他所承担的角色,无论是主角还是配角,他都全力以赴。在台上,他从不炫耀自己,贬低别人,而是适应剧情掌握分寸。例如,演《捉放曹》"杀家"一场,他扮演曹操,持剑上场,到台口,出剑,削吕伯奢家中数口人的"萝卜头子",然后漫陈宫的头,横剑于左臂之后,下身铁铸般地站稳脚跟,上身波澜般地来回晃动,表现出余愤未息的意境。每演至此,台下则报以雷鸣般的掌声,留下了"郝寿臣在台上多晃一分钟,台下的掌声就延续一分钟"的佳话。但也就是每演至此,他都是适可而止,见好就收。他认为不能自己把好独占了,还要留给别人。

祖父在艺术上博采众长,蔚为大观,但他从不以"郝派"自居,更不愿以"郝派"标榜。对自己私淑的老师金秀山、黄润甫、李连仲等人,他总是极口称誉,对同辈名演员的优点,他也倍加推崇。一次,家里的收音机

德艺双馨

正放着金少山的剧场演出实况，一声"马来"，使正在睡觉的祖父迅速从床上坐起，脱口喊道："好！听听花脸应该是这味儿！"在艺术上，他从未讥讽贬低过别人，从不拘守门户之见。这就是祖父的戏德。他从不计较个人得失，他看重的是做人的人格。祖父的爱国之心，也一直受到人们的交口称赞，他的爱国事迹几十年来在京剧界内外为人们传颂。

自20世纪初，日本帝国主义侵略我国东三省始，到1937年抗日战争全面爆发，祖父创排了新戏《荆轲传》。他把对山河破碎的沉重心情及对日寇的无比痛恨聚焦在表演荆轲的身上，演出过程中高唱《易水歌》，凄凉悲壮，激昂感人，使观众触景生情，潸然泪下。他连演此剧八场，激发了人们热爱祖国山河的思想感情。

当"卢沟桥事变"爆发后，祖父顿生息影舞台之念，他深切感到，在日本帝国主义侵略之下，演员备受欺凌，既没有演戏的自由，也没有不演戏的自由。他亲眼看到一代宗师杨小楼先生在侵略者摧折之下，在舞台上咳吐鲜血，不久便离开了人世。尽管当时祖父的舞台艺术正处在鼎盛时期，他还是毅然留起胡须，闭门谢客，息影舞台，坚决不为日本侵略者服务。

在全国人民掀起抗日的高潮中，我父亲郝德元在其老师英千里的引导下，参加了抗日地下组织。1944年3月，日本宪兵队到处搜捕这个组织的成员，许多人被捕入狱。父亲闻讯只身逃离北京。21日深夜，日本宪兵队十余人包围了我们的住宅。宪兵队长用枪抵住祖父的胸膛，两边的宪兵把刺刀架在祖父的脖子上，逼他交出儿子，祖父不为威势所吓，从容镇静，手拍胸膛大笑说："我是郝寿臣！我是个良民！"在祖父两眼的威慑之下，日本宪兵最终把端着的武器放了下来，随后留下两个士兵在我家门房住了整整100天。郝家变成了监狱，全家失去了人身自由。日本鬼子一无所获，最后只得撤离。在侵略者面前，祖父表现出了崇高的民族气节和爱国主义精神。

新中国成立后，他豪情满怀、容光焕发，决心以实际行动迎接新中国诞生。为了庆祝中华人民共和国的成立，文化部要在中南海演出一场《龙凤呈祥》，约请祖父参加演出。祖父欣然应允，并立即剃掉蓄留十多年的胡须，粉墨登场。告别舞台十余年了，且已年过花甲，为了演出成功，他每天在住家院子里演练身段。演出当天，他精神抖擞、情绪高昂，以精湛的演技为新生的祖国献艺高歌。

1950 年春夏之交，北京市委彭真同志主办了一场盛大的招待晚会。压轴戏是特邀祖父和萧长华两位老艺人合作演出的《醉打山门》。当时，祖父已 64 岁，在剧中扮演鲁智深。萧老 72 岁，扮演卖酒人。二老演来得心应手，情趣盎然，深受欢迎。演罢刚卸完妆，彭真同志就来请他们到前台看戏。他们随彭真同志来到观众席第一排中间，谁想毛主席和周总理也正坐在那里。主席和总理与两位老艺术家一一握手，连声说："谢谢你们！"接着就让两位老人在自己身边的空位子上坐下。彭真同志对祖父说"你郝家的事，主席和总理都知道。"周总理接着说："听说你有个儿子在美国留学。现在我们国家将要实行第一个五年计划，希望你动员他回国参加社会主义建设。"毛主席说："是啊，让他回来嘛。"回家后，祖父的心情久久不能平静。总理的嘱托，国家建设急需人才，使他心潮起伏，夜不成眠。翌日清晨，他把我叫到身边，把一夜间想好的话一一说出来，由我写成书信，寄往美国。迄今，我清楚记得信中有这样的话："希望你要刻苦攻读，学成之后，早日回国，将你所学用于祖国的建设。"

1951 年，在声势浩大的"抗美援朝、保卫家国"的运动中，祖父首先发起"捐献飞机大炮义演"的倡议，他再一次剃掉胡须，在全部五场义演中，他演的全是大轴戏。他的行动引起了轰动，深受各界的好评，并得到国务院的嘉奖。

1954 年，在全国人民开展慰问中国人民解放军活动中，祖父不顾已年近古稀的高龄，又一次剃须，与马连良合作演出了全部《火牛阵》。演出结束后，祖父兴奋地和马连良先生约定，待到两岸实现和平统一，二人将再度合作演出一场，以示祝贺。

1956 年 8 月，北京市京剧工作者联合会成立，首都戏曲界于 8 月 6 日、7 日和 9 日举行庆祝演出。祖父政治热情高涨，以古稀之年和寿近八旬的萧长华老先生承担了这几场演出的舞台监督,并最后一次剃掉胡须,与李万春、孙毓堃等名家合演了《八蜡庙》。这也是祖父艺术生涯中的最后一次演出了。

祖父早年曾信仰基督教。在旧社会他耳闻目睹,亲身感受到世间的黑暗,他在苦闷徘徊中,向基督教寻求出路。20世纪50年代初期,他担任中国戏曲学校教授和北京市戏曲学校校长,对学生的成长非常关心,但是开始时他对学生的教育是讲仁慈、去恶念、要平等、要博爱。随着时代的进步,尤其是对比新旧社会发生在自己身上的巨大变化,使他开始对共产党有了感激之情,产生了理解,他常说的一句话是"生我者父母,知我者共产党"。在校长任上,每逢开校会,他的开场白总是"我们的学校从小到大,从无到有,一句话:全是共产党领导的好哇!"

在讨论程砚秋先生入党的大会上,祖父对程砚秋先生说:"老四(指程砚秋),你走在了我们的前头,我定要奋起直追,赶你来也。"祖父一向不苟言笑,平时很少说这种笑话。但是这句话表达了一个老人欢快激动的心情,同时也表达了他思想上的飞跃,他对共产党无限向往、无限热爱的崇高的思想境界。

三、郝寿臣先生的为人师表

祖父求艺之坎坷,成长之艰难,曾有着切肤之痛,所以在旧时代就怀有培养人才的强烈愿望。早在1924年,曾有过一个"北平梨园公益总会"。在一次会员大会上,在讨论公益事务时,祖父提议总会应该办个小学,以便让穷艺人的子弟学文识字。这个建议刚一提出,当即遭到京剧界一些人士的极力反对。他们说:"唱戏的儿子还要念书?有那工夫,多学几出戏好不好!"祖父被当头泼了一盆冷水。

1951年春,原梨园公益总会改组为"北京京剧公会"。在一次代表大会上,公会会长沈玉斌提出要创办一所戏曲学校的倡议,当即受到与会代表的热烈欢迎。就在这次会上，推举萧长华、王瑶卿、梅兰芳、郝寿臣、马连良等人组成董事会，由梅兰芳任董事长，郝寿臣、沈玉斌任副董事长。在第一次董事会上，梅兰芳提议请郝寿臣任学校校长，祖父极力推辞说自己才疏学浅，实难当此重任。萧长华忍俊不禁地说："寿臣呀，二十多年前你不是就主张艺人要学文化吗？忘了你碰的那个软钉子啦？你既有言在先，今天就责无旁贷了！"闻听此言，想起过去艺人无文化的辛酸，祖父欣然接受了众位同人的委托，担任了这个学校的校长。校名定为"北京私立艺培戏曲学校"。校址定在松柏庵梨园先贤祠及附近梨园义地。这里本是一片坟地废墟，当时已年届六十有五的祖父和众多的京剧艺人就在此处进行了艰苦的创业。

建校首先碰到的问题就是资金短缺。为了节省开支，祖父把自家的硬木桌椅、大床、穿衣镜、脚踏风琴等都运到了学校，还把自己当年精制的《荆轲传》里用的鱼皮宝剑，鲁智深穿戴的袈裟、舍利珠，李逵用的双板斧等心爱之物全都献给了学校。与此同时，筹款义演的活动也在首都戏曲界积极开展起来，祖父带着全部弟子在长安大戏院唱了一场花脸大会。大轴是祖父和萧长华合演的二本《赛太岁》。演出所得全部捐赠给北京市私立艺培戏曲学校。

1952年2月11日，北京私立艺培学校正式开学。一年之后，北京市政府决定正式接管该校，改名为"北京市戏曲学校"，任命祖父为第一任校长。自此，祖父那满腔的爱国热情和培养京剧后继人才的热望，犹如江河决堤般奔放出来。他在校长任上长达十年之久，把全部精力献给了祖国的戏曲教育事业。

祖父在治学中非常重视学生的品德教育，首先提出"授业必先育人，老师应成为学生师表"的主张，并且以身作则，带头执行校纪，极力反对庸俗作风和散漫陋习。同时教导学生学好文化知识，加强品德修养。通过他的言传身教，学校树立起了良好的学风。为使学生健康成长，他十分重视大家的起居饮食，经常巡视食堂，并亲自审定菜谱。一次中午饭前，他去食堂检查伙食，对厨工说："又吃炸酱面，别把酱弄咸了，学生嗓子受不了。"他经常告诫学生："嗓子是演员的命根子，要视嗓子如生命！"夏季，他制定了严格的午睡制度。学校距陶然亭游泳池很近，青少年都喜爱游泳，有的学生吃完午饭悄悄溜出学校去游泳。他发现后严令禁止，并晓之以理，嗓子就怕忽冷忽热的刺激。他亲自检查午睡纪律，使每个学生中午都能够得到真正的、充分的休息。对生活困难和体弱的同学，则给予生活照顾和营养补助，他还经常自掏腰包资助这些同学。

在专业上，他一直亲自执教，担任学校花脸一组的教学工作，把毕生的创作成果和经验毫无保留地传授给学生。他每天上课，必带三件东西，分别是拍板的戒方，经过认真备课、用红蓝铅笔圈点得密密麻麻的剧本，在授课过程中随时准备替换的衬衫（因为每次课后他的衬衣都被汗水浸湿了）。他授课从来都是开门见山，切中正题。绝不海阔天空，扯东道西，不着边际。他教唱腔，都是用正式演出时的调门，带领学生演唱。教身段时，则全神贯注，一招一式地示范，有时为加深同学对人物的理解，他整场整出地做示范表演。50年代中期，他因劳累过度，得了冠心病，住进同仁医院。但出院不久，他把"回家后继续休养不准到校上课"的医嘱置于脑后，把同学叫到家里上课，直到1961年11月心脏病猝发离世之前，从未间断过教学工作。

正由于他对戏曲教育事业怀有高度责任感，所以在治学中能够遵循教育规律，根据每个同学的素质条件全面培养、因材施教；对人对戏从无行帮门户之见，使每个同学各得其所地发展。他对每个学员的分行定向，都亲自过问，分行之后，经过一段时间的学习，再和各位教师商量，如需改行者及时调组，务求得当。如老旦演员王晓临，刚进戏校时学花旦。经祖父多次观察，认为她改学老旦更为合适。为了慎重起见，他征求了王瑶卿的意见。王也认为晓临是个老旦坯子。之后祖父又亲自去给晓临和其家长做工作。最终王晓临成为著名京剧老旦表演艺术家。又如武旦演员赵慧英，因专业条件一般，初入校时，被分在青衣组，学二路青衣。祖父根据她的脸型、嗓音、性格以及身体素质，认为她改学武旦更合适。这一改，赵慧英如鱼得水，练功非常刻苦，终于取得了优异成绩。为了嘉奖赵慧英的刻苦精神，在一次全校大会上，祖父把自己出席全国群英大会的纪念金笔奖给了赵慧英。此一举，使全校同学受到震动，大大调动了同学们的学习积极性。再如老生演员张学津，原工小生，根据他的天赋和素质，祖父建议他改唱老生，又经第二任校长马连良的亲传，使张学津成为成就卓著的著名京剧表演艺术家。

祖父亲授的花脸一组的学生，如今个个是京剧界成绩显著的人才。孟俊泉原来是祖父的得意弟子，后来祖父发现他特别喜爱裘（盛戎）派的唱腔，就亲自买票带他到剧场观摩，散场后，又带孟俊良到后台拜访裘盛戎，终使孟成为著名裘派花脸，国家一级演员。马永安也是国家一级演员，是著名的郝派演员。祖父的名剧《捉放曹》《赛太岁》《法门寺》等他都演出过。在现代京剧《杜鹃山》中，他还成功地塑造了雷刚的形象。王福来曾担任北京戏曲学院教导主任之职。他亲自传授了郝派诸多的名剧，成绩斐然。他学生时期就积极要求入党，祖父得知他的愿望后，对他大加赞赏，大力支持，致使王福来如愿以偿。吴一平，曾进中国戏曲学院进修、深造，毕业后，任北京戏曲学校常务副校长，后担任中国评剧院院长……

在祖父年逾古稀之时，他还将毕生的艺术经验和创造成果，分别编辑出版了《郝寿臣脸谱集》《郝寿臣铜锤唱腔集》《郝寿臣演出剧本选集》《郝寿臣表演艺术》等书，为后人留下了极其珍贵的艺术资料，为国家留下一笔相当可观的京剧艺术财富。

1996年，为纪念郝寿臣先生110周年诞辰，中央电视台制作了一套节目，题为《德艺双馨——纪念郝寿臣先生》。用"德艺双馨"来概括祖父郝寿臣先生的一生恰如其分。

郝寿臣教学思想的进步意识与当代意义

——为纪念郝寿臣先生130周年诞辰而作

刘新阳

　　郝寿臣先生是20世纪京剧舞台上对净行发展起到重要推动作用的一位京剧表演艺术家，由他开创的"架子花脸铜锤唱"的表演模式以及艺术践行，不仅使架子花脸在原有注重做派、工架的基础上，增强了唱腔和念白的比重，更把架子花脸推上了前所未有的发展高度，使架子花脸由旧时戏班中的附属地位晋升为"挂二牌"甚至是"并挂头牌"的艺术地位，从而使架子花脸行当在黄润甫等前辈开创局面的基础上，在20世纪进一步走向了完善和成熟。与此同时，郝寿臣先生还是一位著名的戏曲教育家，在他的一生中除正式收樊效臣、王永昌、唐景一、袁世海、李幼春、周和桐和王玉让等弟子外，还在担任北京市戏曲学校校长期间，精心培育了王福来、席裕身、孟俊泉、马永安、周万江、孟宪达、吴一平、王文祉等京剧事业的接班人，更重要的是郝老在戏曲教学和艺术传承的生涯中，在继"架子花脸铜锤唱"艺术思想的提出后，又进一步拓展出了"把我揉碎了变成你"的新型戏曲表演教学理念。在传统戏曲表演教学多以"口传心授"为教学主体的背景下，郝老提出"把我揉碎了变成你"的教学理念，是对戏曲教学模式的一次观念上革命，也是对戏曲教学思想具有进步意识的有益探索，即使在今天的戏曲教学模式中也仍具现实意义，值得深入的思考与研究。

一

在京剧乃至戏曲表演教学中，"口传心授"一直是戏曲教学中被奉为"圭臬"和传统的正宗教学方法。所谓"口传心授"，是指师徒间的口头传授和内心领会，这是戏曲教学中不同于其他领域的一条法则，但在"口传心授"的过程中，不可避免地会令青少年演（学）员在老师或师父的"口传"中不自觉地走上"模仿"的学艺模式。诚然，在少年学员学习京剧表演的初级阶段，"模仿"是不可避免的，由于年龄、阅历、领悟力以及对剧情乃至人生的理解等诸多因素的制约，使得青少年京剧演（学）员无法做到真正意义上的内心领会，不可能从内心真正理解戏曲表演形式的准确内涵，所以在学戏之初模仿老师在教学中的语气、重音、神态、身段、表演很有必要，这一点无可厚非。然而，究其根本，这种教学模式只是学戏初级阶段行之有效的方式方法，却不等于戏曲教学的唯一模式，尤其是对青年或成年演员来说，绝对意义上的"口传"，在有利的同时，也存在相应的弊端。

仅以戏曲演员最为突出的嗓音条件为例，人与人之间的差异是真实存在的，每个人的嗓音条件各不相同，因此发音位置和发音方法也千差万别，表演教师如果仅是采用自己适合的、习惯的并认为是正确的、适用于一切人群的方法来传授和要求，就会使学生在实际的学习和实践中盲目、有意识并夸张地模仿老师的发音方法，并且认为这才是合乎标准和要求的最佳舞台呈现状态，这样的教学方法固然可以使学生的唱念及表演更"像"老师，甚至"酷似乃师"，但每一个学员的自然条件千差万别，这种"像"或"酷似"是否真正的适合他们，又是否属于表演艺术而不是"模仿"艺术，学生在舞台上出演的角色，究竟是剧中需要塑造的人物还是指导教师本人……这些问题是戏曲表演在"口传心授"的教学中容易出现且易被忽视的。如果不能清醒地认识到这些问题，表演艺术中的"表演"成分势必会被"模仿"所取代，那就正如郝老反其意而用之的"把你（学生）揉捏碎了化成我（老师）"。"把你揉捏碎了化成我"不仅在教学中会使学员出现刻意模仿和削足适履的弊端，更会让表演艺术在模仿和主观求似中忽略"结合自身条件创新发展"这条戏曲发展中的守恒定律，在现实的从艺道路中把路越走越窄，从而使表演艺术失去其本该具有的鲜活的感染力。

二

郝寿臣先生早年在架子花脸上师法黄润甫，在铜锤方面师法金秀山，但他并没有"死"学黄、金两位前辈，也没有刻意地模仿两位前辈的表演艺术，自然也没有博得"小黄润甫"或"小金秀山"的赞誉。然而，他却在广泛继承前人的基础上结合自身条件，通过不懈地舞台实践，最终博得了"活孟德"的美誉，这说明郝老在自己的舞台实践中清醒地认识到，塑造人物比模仿前辈的一字一腔、一招一式更为重要。换言之，戏曲表演的最高任务仍是塑造人物而非单纯的模仿前人。正是通过自身的艺术实践，通过大批整理加工的传统剧目与新编剧目，最终创立了花脸"郝派"艺术，这也使郝老成为京剧架子花脸行当中承前启后、继往开来的重要代表性人物。

1940 年，袁世海先生拜郝老为师后，郝老在传授袁世海《黄一刀》中铫刚一个下场的身段，为了一个"小跺泥"腿抬的高度，郝老曾对弟子说："你学我，要学我的长处，我快 60 岁的人啦，腿哪能踢得很高呢？何况我的武功基础并不太好，只能走出这个样子。你拜了我，当然要学我，究竟学我什么，是件大事。你必须清楚。什么都学我，即使学得一分不差，一毫不差，也永远学不像我。你不是我嘛！切记，你不能把你揉碎了变成我，而是要把我揉碎了变成你！"[1] 郝老在收袁世海为徒后，除了教给袁世海《黄

113

---

1 袁世海口述，袁菁整理《深切的怀念——纪念郝寿臣先生百岁诞辰》，见袁菁、段振清整理《袁世海艺术论谈文集》，文化艺术出版社，2012 年 6 月版，第 12 页。

一刀》《打龙棚》《醉打山门》《荆轲传》等"郝派"剧目外，还根据袁唱功上的欠缺传授给袁一出铜锤花脸戏《御果园》，这使坐科富连成并带艺投师的袁世海在"学戏时从无削足适履之感，恰似如鱼得水，又似迷茫中得遇仙人指点迷津"[1]。郝老常对袁世海说："跟我学戏就是把我揉碎了变成你，而不是把你揉捏碎了化成我，这才能使花脸艺术得到真正的继承发扬。"[2] 郝老的这句话也令袁世海先生"铭刻在心，没齿难忘"（袁世海语）。

在教学中郝老不仅这样要求袁世海，对其他的传人、学生也是如此。樊效臣先生身材魁梧而嗓音稍逊，是郝老开山门的弟子。郝老便主要以架子花脸戏相授，"6 年之间，传授他的剧目有《取洛阳》《盗御马》《打曹豹》《瓦口关》《除三害》《李七长亭》《黄一刀》等，共有 48 出"[3]。基于郝老一直认为架子花脸的唱应该有铜锤的基础，所以在主要传授樊先生架子花脸戏的同时，也给这位弟子"说了《御果园》《铡美案》《断后·打龙袍》《刺王僚》等铜锤戏"[4]。郝老的弟子王永昌先生声如洪钟，嗓音浑厚，郝老便主要培养他唱铜锤花脸。李幼春因适合唱铜锤花脸，郝老便培养他以铜锤花脸为主，"亲自给他说了《白良关》《御果园》《大探二》等铜锤花脸的剧目"[5]。在北京市戏曲学校任教并担任校长期间，郝老的学生有王福来、席裕身、孟俊泉、马永安、周万江、孟宪达、吴一平、王文祉等人，对待这些当时属于"开坯子"的小学生，郝老也会根据学生们的不同情况因材施教，"他给学生开蒙，并不坚持自己的郝派风格，而是根据剧目，选择最好的路子，给下一

---

1 袁世海《把我揉碎了变成你——为郝寿臣铜像揭幕而作》，见袁菁、段振清整理《袁世海艺术论谈文集》，文化艺术出版社，2012 年 6 月版，第 8 页。

2 袁世海《把我揉碎了变成你——为郝寿臣铜像揭幕而作》，见袁菁、段振清整理《袁世海艺术论谈文集》，文化艺术出版社，2012 年 6 月版，第 8 页。

3 北京戏曲学校主编，翁偶虹、尹廉钊、佟志贤、刘剑华执笔《郝寿臣传》，中国戏剧出版社，1996 年 11 月第 2 版，第 107 页。

4 北京戏曲学校主编，翁偶虹、尹廉钊、佟志贤、刘剑华执笔《郝寿臣传》，中国戏剧出版社，1996 年 11 月第 2 版，第 107 页。

5 北京戏曲学校主编，翁偶虹、尹廉钊、佟志贤、刘剑华执笔《郝寿臣传》，中国戏剧出版社，1996 年 11 月第 2 版，第 108 页。

代打下良好的基础。例如，他教铜锤戏，都是按金秀山金派的路数，有时也吸收刘永春、刘鸿昇的腔调，使每一个传统剧目更丰富，更完整"[1]，而对"有的学生嗓子好，侧重铜锤，则精雕细刻他的唱念；有的学生身上好，偏于工架，则切磋琢磨他的做表"[2]。

在郝老的课徒传艺中，历来仔细分析每个学生的自然条件，然后再根据弟子、学生各自不同的实际情况，分别加以量体裁衣、对症下药和因势利导的因材施教，尊重每个学生的自然条件，使其艺术的个性和优长得到充分的认可和展示。郝老在教学中只是强调某一句是金秀山先生的唱法，某一句是何桂山先生的唱法，这个身段来自黄润甫先生，这个表情是吸收了李连仲的特点……从不强调这是"郝派"的特点，不让学生们在表演上主观地打上"郝寿臣"或"郝派"的烙印，更不会有意识地培养一个或几个承袭"郝派"艺术的所谓"衣钵传人"，正是郝老在传艺中始终秉承着"把我揉碎了变成你"的教学思想，使同行和观众很难在郝老的传人中找出一位"酷似乃师"的郝派传人，但却不能说在众多郝派传人的舞台表演中看不到"郝派"艺术的营养和影子，也正是这种因材施教和力求"不像"的教学方式，成就了袁世海、周和桐、王福来、席裕身、孟俊泉、马永安、周万江等艺术家各不相同的个性艺术风采，从而促进了京剧净行艺术不断地向前发展。应当说，"把我揉碎了变成你"是郝寿臣先生在京剧表演"口传心授"教学方法的基础上，根据因材施教和以人为本的指导思想，创造性地开拓出的戏曲教学新途径，它为戏曲表演教学注入了清流，更促进了京剧艺术不断地向前发展。

115

---

1 翁偶虹《郝寿臣的唱念艺术及其他》，见《翁偶虹文集·论文卷》，百花文艺出版社，2013年6月版，第350页。

2 北京戏曲学校主编，翁偶虹、尹廉钊、佟志贤、刘剑华执笔《郝寿臣传》，中国戏剧出版社，1996年11月第2版，第108页。

三

当前在京剧乃至戏曲教学中还存在着诸多环节上的问题有待完善，其中之一就是"模仿式"教学还存在于各级戏曲教学领域之中，这种教学方法虽是旧有的传统，并且在给学生开蒙时也是很有必要的，但对高年级和具有一定舞台经验的青年、成年演员来说，尺度如果把握不准，刻意要求学生"像我"或"像祖师爷"，就会成为束缚和限制京剧表演艺术向前发展的桎梏。京剧舞台上目前上演的传统剧目，十之八九都会冠以"某派"的代表剧目，这就使一批不同行当的青年京剧从业者，过分看重自己是否归"派"，有没有"门户"。在这种具有一定局限性的认知和实践中，京剧表演艺术的舞台魅力被不断地打折，而就天赋条件而言，一些本不适合某个流派自然条件的青年演员，却在唱着该流派戏的情况并非个案，削足适履、盲目模仿的情况也真实存在，不能不说，这是当前戏曲教育和京剧发展中遇到的一个实际问题。

京剧表演艺术家、教育家高盛麟说："作为一个京剧演员，当然是要认真学习和继承流派的，但不应以外形像不像来作为学得好不好的标准。我们开始学习某一流派时，自然有一个模仿的过程，要尽量地按某派的风范去演，要尽量学得像一些。但是，不能以此为满足，不能停留在'真像'上面，而应在学得比较瓷实的基础上，有所改进，有所提高，有所创新，有所发展。要渐渐地从'真像'到不完全'像'。无论哪一派的创始人，都不是十全十美的，总有某些不足之处。如果我们以'像'为原则，那么他的不足之处也得'像'，这就没有必要了。再说我们自己的禀赋条件也不可能与流派的创始人完全相同，想学得'真像'也是做不到的。所以我们学某一个流派首先要学流派创始人的创新精神和艺术精髓，而不单纯以模仿为是，总是要由不像到像，又由像到不完全像，这是一条艺术规则。"[1]高盛麟先生的这段话阐释了学习京剧和流派传承中的"像"与"不像"之间的关系，学习

---

1 周笑先、蒋锡武编《高盛麟表演艺术》，武汉出版社，1998年12月版，第11页。

京剧表演和流派艺术是需要全面继承京剧舞台表演的"唱念做打"，学习和掌握具有行当、流派特征的艺术元素，在传统中通过实践和探索，走出适合自身条件发展的艺术之路，最终使京剧艺术在传承中既立足传统又走向多元。

回望郝寿臣先生"把我揉碎了变成你"教学思想的确立与实施，再反观郝门弟子传人各不相同的艺术发展道路，不难发现郝老在这个问题上同样有着深入的思考和具体的举措。京剧艺术的传承假如不是运用表演艺术的本质和流派艺术的精神来指导教学，而是通过机械的方法和微观上的雕琢，刻意追求青少年京剧从习者在"不可能完全一样"的"像"字上下功夫，不仅事倍功半，还可能把天赋条件有所侧重的从艺者断送在背道而驰的艺术道路上，更会缩小戏曲表演艺术的空间并将戏曲表演引上以"模仿"为终极目的的迷途，使京剧艺术背离其正常发展的轨迹。而要匡正教学和实践中的这一观念，就需要教、学、演、观四方在认知上达成共识，这个共识的基础就是郝寿臣先生提出的"把我揉碎了变成你"。

结语

郝寿臣先生对京剧架子花脸行当整体发展的贡献与推动是全方位的，他不仅在提升架子花脸的艺术地位上做出了卓越的贡献，更在表演教学中正视、尊重个体差异和个性的存在及表达，进而，使京剧净行的发展在他身体力行的传承中得到了推进。希望郝老"把我揉碎了变成你"的教学理念能够在当下全国戏曲院校的实际教学中得到重视和发扬，通过观念的转变，使京剧艺术的表演艺术与流派传承走出当前的困境。这应当是在郝老130周年诞辰的今天，"京剧人"以实际行动敬献给郝寿臣先生最好的纪念。

郝寿臣对京剧净行的自觉性建构

刘慰东

郝寿臣是京剧净行承前启后的集大成者，他在诸多前辈净角演员的基础上，博采众长，融会贯通，开创了"架子花脸铜锤唱"的新模式，丰富了花脸的表现手段，扩大了净行的表演艺术领域，创立了京剧花脸郝派艺术，与金少山、侯喜瑞并称"花脸三杰"。郝寿臣对京剧净行的重大贡献，奠定了他在中国京剧史上的重要地位。其实，郝寿臣对京剧的贡献不仅仅是开创了一个风格独具的净行流派。如果我们把郝寿臣放在整个京剧净行的发展历程中来看，会很清晰地发现，他在京剧净行的建构中具有很强的自觉意识。在我看来，这才是郝寿臣对净行和京剧艺术的杰出贡献，这也是他能取得如此之大的成就最为关键的因素。

一、对京剧净行剧目的建设

一个剧种积累了丰富的剧目，才会有强大的生命力。对一个行当而言，只有积累了足够多的本行当代表剧目，这个行当才能得到完善和发展。在几十年的艺术生涯中，郝寿臣不断提升自己表演艺术的同时，也很注重对净行剧目的建设。他挽救了一批几近失传的剧目，加工、整理和提高了一批传统剧目，还新编了一批剧目。从这几类剧目中，可以看出他对京剧净行剧目建设的自觉意识。

据统计，郝寿臣上演的传统剧目有 165 出，如《锁五龙》《秦琼卖马》《捉放曹》《战宛城》《铡美案》《打銮驾》《探阴山》《醉打山门》《打严嵩》《夜审潘洪》《除三害》等等；自编剧目 9 出，有《青梅煮酒论英雄》《审七闹监》《李七长亭》《打曹豹》《打龙棚》《飞虎梦》《桃花村》《荆轲传》和《如是活佛》；与人合作新剧目 20 出，如《鸿门宴》《陵母伏剑》《灞桥挑袍》《连环套》《串龙珠》等；反串剧目 12 出，如《取帅印》《打龙袍》《铁莲花》《朱砂痣》《翠屏山》等；时装新戏 4 出，有《孽海波澜》《茶花女》《血手印》和《春阿氏》。演出的各类剧目共达 206 出，饰演的不同角色共达 146 人，除本工净行之铜锤花脸、架子花脸以及武花脸之外，还反串过生、旦、丑各行角色和现代中外人物。

不管是对传统剧目的整理加工，还是对新剧目的创造，郝寿臣都很注重对艺术形象完整性的追求，而且对剧中的人物形象进行重新塑造和准确定位。我们今天在舞台上看到的《牛皋招亲》，就是经过郝寿臣整理加工后形成的完整剧目。他塑造的曹操、鲁智深、李逵等人物形象，都是在原有艺术形象的基础上根据人物性格、身份和故事情节等进行重新塑造。郝寿臣一生中塑造了十多个曹操的艺术形象，根据年龄、身份和处境的不同，从脸谱、服装、唱腔和表情等方面加以区分，把同一人物的不同形象刻画得各具特色、活灵活现，而不是把这一历史人物处理成简单的反派角色。郝寿臣塑造的鲁智深，在戏曲舞台上是一个独创的艺术形象。他"赋予了鲁智深憨厚可爱、疾恶如仇的品格与刚勇豪放、泼辣骁悍的气魄。从外形看，鲁智深那种袒胸裸腹、身挂佛珠的扮相，很是让人感到可爱有趣；待到与林冲相识、互通姓名时发出的爽朗笑声，更表现出鲁智深英雄相惜的豪爽气概；随着剧情发展，当林冲遭难，鲁智深为救林冲急忙赶路的'鸭转鹅行'

的胖颠颠步态，郝寿臣更加突出了鲁智深的朴实豪迈、对肺腑之交肝胆相照的英雄气质"[1]。郝寿臣根据《水浒》的人物原型，对李逵的艺术形象也进行了重新定位，一改过去舞台上打哈哈的"半吊子"形象，把李逵塑造成粗犷质朴、可爱善良的艺术形象。

二、对京剧净行表演和唱念的拓展

郝寿臣在学艺和演出的过程中，发现当时的净行要么以唱念为主，要么以做表为重，也就是说铜锤花脸和架子花脸的划分非常严格，这固然使不同的花脸行当在表现人物时形象比较鲜明，身份较为明确，类型归属也更严谨，但有些人物形象的塑造，在特定的情节、场合、人物身份及其性格或心理发生变化时，仅仅用这两种界限分明的花脸行当去表现，是无法栩栩如生地刻画出来的，或者说人物形象会显得单一而无立体感。于是，郝寿臣结合自身条件，努力打破传统常规，唱工上学习金秀山、刘鸿昇、裘桂仙的铜锤演唱技艺，做表上宗法何桂山、黄润甫的架子表演风格，并巧妙地将二者融于一身，打破了铜锤花脸只重唱不重做、架子花脸只重做不重唱的局限，开创了"架子花脸铜锤唱"的新模式，对京剧净行的发展做出了重大贡献。

郝寿臣开创的"架子花脸铜锤唱"的表演模式，是融合众家之长，真正地将两种门类化进去，糅在一起，而不是拼接照搬。唱工上以继承金秀山为主，但他并没有亦步亦趋成为金派的传承人；做、表上继承黄润甫，但他也没有原封不动成为黄派的模仿者。而是吸取金派和黄派的艺术精华，最终达到化境，形成了郝派自己的体系，自然有与其他两派截然不同的风格。金秀山的唱腔发声方法是口鼻共鸣，郝寿臣大体上也是口鼻共鸣，但有时为突出不同人物的性格和感情，单独用鼻音。如《连环套》"拜山"一折中，唱"忆昔当年论刚强"时完全归鼻音。《赛太岁》中，唱"好汉做事岂逃遁"也是完全归鼻音。这些唱法明显地可以看出是在遵循金秀山的基础上突出

1 王永运《一代名净郝寿臣》，《中国戏剧》2012 年第 3 期。

自己的风格特色，又把人物的艺术形象更为准确生动地塑造出来。黄润甫的做、表更注重形体造型，追求工架之美，而郝寿臣已不局限于模仿黄派的轮廓，而是更多地通过挖掘人物的内心，把体验化入表演之中，看不出痕迹，却得黄派之精髓。在人物的念白上，郝寿臣除继承前辈的念白方法外，还采用了山西、河南光州、山东临清和京白的念法，韵白与地方方言相糅合，别具特色，丰富了净行的念白。如他在《青梅煮酒论英雄》中扮演的曹操念中州韵，《李七长亭》中扮演的李七念河南光州方言，《打龙棚》中扮演的郑子明念山西方言，《伐齐东》中扮演的伊立念京白。这些念白不仅别有韵致，而且为京剧净行增添了亮丽的色彩，并为后学者效法，影响深远。

郝寿臣开创的"架子花脸铜锤唱"的表演模式，是对早期京剧净行完整性的承续、发展和创新。早期的净行是不分文武的，要求演员要文武兼能。穆凤山属于早期净行演员中文武兼能者，既能演《珠帘寨》里的李克用，还能演《阳平关》里的曹操，又能演《八蜡庙》里的费德功。这三个人物，在后来的净行专属分工上，李克用重唱属"铜锤"，曹操重做属"架子"，费德功重打属"武花"。何桂山也既能"铜锤"又能"架子"，庆春圃、钱宝峰、陈三斧也属于文武兼能的演员。然而随着行当分工的细致，以及其他方面的因素，净行打破了文武兼能的惯例。虽说细致的分工使净行艺术日益精粹，但在表现人物特别是有着复杂性格和心理特征的人物时，还是有一定程度上的限制。所以，演员在专能时也需要兼擅。而在穆凤山、何桂山、庆春圃、钱宝峰、陈三斧之后，很多取得重大成就的净行名家大多是各有专攻。到了郝寿臣，则把净行文武兼能的完整表演模式重新又承继了下来，并有了进一步发展。穆凤山的唱法影响了铜锤花脸金秀山，念法影响了架子花脸黄润甫，何桂山的唱法也影响了金秀山和黄润甫，而金秀山和黄润甫都影响到了郝寿臣。从这种师承影响上，也可以看出郝寿臣对早期净行文武兼能的承续。而郝寿臣又结合自己的条件，选择以架子为主，融架子和铜锤于一体，文中有武、武中有文、相互融合，所以他的文武兼擅和前辈的文武兼擅或者说文武各擅是不一样的，这就是郝寿臣对京剧净行的发展和创新。郝寿臣使架子花脸的音乐形象趋于完美和丰满，使花脸艺术达到了一个崭新的境界，开了架子花脸挂二牌的先河，缩小了与生、旦行当的差距，提升了京剧净行的艺术地位。

三、对京剧净行服装、化妆与脸谱的改革

郝寿臣不仅对京剧净行的剧目进行了整理、改编、加工和创造，对净行的表现手段和表演领域进行了拓展，对念白进行了充实丰富，而且对净行的服装、化妆与脸谱也进行了改革。可以说，他对京剧净行的贡献是全方位的，由此也可以看出他对京剧净行整体建构的自觉意识。

服装方面，郝寿臣首创了很多人物形象的穿戴，如曹操的大红平金蟒、马武的绿色平金靠、李逵的花蝴蝶黑褶子、鲁智深的露肚袈裟、多尔衮的朝服箭衣等。有的是根据人物身份、剧情和性格特征对角色原有的服装进行改良，使之更符合规定情境中的人物形象。据清宫戏画显示，旧时《捉放曹》中曹操的穿戴为：戴红色绣花风帽，穿紫色花箭衣，外罩浅蓝色花褶子；或戴红风帽，穿宝蓝龙箭衣，外罩红缎花褶子。郝寿臣则认为，这种装扮"是无论如何也不能容忍的"，因为这出戏中的曹操既是谋刺董卓未遂的逃犯，又是误杀吕伯奢一家的凶手，"必须创造风尘仆仆和杀气腾腾的气氛"。于是改为戴紫色素风帽，穿紫缎素箭衣，腰系杏黄鸾带，外罩蓝缎素褶子。选用蓝与紫这种深沉的色调进行组合，增添了"肃杀萧瑟的饱含秋意的情趣"。[1]

化妆方面，最为突出的是对脸谱艺术的勾画，不管是对传统脸谱模式的继承，还是新创的脸谱，以及谱法的创制、对勾脸工具的改革等，郝寿臣都做出了重大贡献。这主要从他塑造的几个典型人物来说明。郝寿臣在《赛太岁》中塑造的李七这一人物形象，不仅在唱、念、做、表方面有所丰富，而且在脸谱、扮相和道具的运用等方面也有了进一步丰富。在李七这一人

---

1 郝寿臣述，吴晓铃记《十戏九不同》，《戏剧论丛》1957 年第 4 辑。

物脸谱的勾画上，老式的脸谱是以左边"和尚脸"、右边"文丑脸"组成"歪脸"，郝寿臣则是以拧眉挤眼的形式组成"歪脸"，以使人物更接近于生活。在《除三害》中，郝寿臣塑造了一个崭新的周处形象。周处原有的形象是勾红花脸、戴豹变髯，穿戴官中的抱衣抱裤、花褶子和大罗帽，郝寿臣则为周处创制了新脸谱，即红脑门、紫眉子、紫鼻窝、晕红粉颊，配上紫满髯口和紫耳毛子，穿素箭衣，系蓝黄相间的鸾带，披素蓝褶子。这种装扮显示出周处的威武端正，消除了流气的旧形象。《荆轲传》中，对荆轲这一人物形象脸谱的勾画，郝寿臣吸取了梆子花脸老狮子黑的脸谱画法，并将脸谱中的黑色这一主色改为油紫色，还为荆轲设计了学士巾和米、黄、蓝三色相间的鸾带，不仅使人物显得俊雅儒秀，又渲染了荆轲有勇有谋的胆识。

郝寿臣曾与杨小楼、高庆奎、梅兰芳、程砚秋、马连良等人共同合作创演了很多新戏，在当时这些新戏的很多人物脸谱是没有蓝本可供参考的，他根据剧情和人物的年龄、性格等，创造出了众多新脸谱。郝寿臣在勾画脸谱时，用墨深浅、线条粗细、用油白还是水白等都会有意识地加以区分变化。比如，同一个人物曹操，其脸谱在《捉放曹》与《群英会》《阳平关》中，随着人物年龄、地位以及所处环境的变化，在面部勾法、鼻窝画法和色调深浅上各有不同。可以说，郝寿臣的脸谱艺术也是自成体系的，本身就是郝派艺术风格的一部分。郝寿臣对京剧净行脸谱的贡献，主要体现在《郝寿臣脸谱集》一书中。这部专著既完全恪守舞台脸谱勾画和扮妆规范，又有详尽勾脸程序、手法及经验法度。梅兰芳在为该书作的序言中说，"就继承传统方面来看，他糅合许多前辈艺术家的谱法和笔法，做了去芜存菁的工作；就革新方面来看，他改变了许多谱法（如鲁智深），又进而创作了许多谱法（如荆轲），丰富了京剧花脸的艺术内容。"[1] 足可显示出郝寿臣勾画脸谱技法的功力和影响。郝寿臣为众多人物的艺术形象所设计的脸谱和服饰穿戴，至今仍被许多花脸演员奉为圭臬。

1 吴晓铃编纂《郝寿臣脸谱集》，中国戏剧出版社 1996 年版。

四、对京剧净行教育的传承

郝寿臣曾任北京私立艺培戏曲学校（北京市戏曲学校前身，现北京戏曲艺术职业学院）校长，在任期间，亲身执教，培养了一批优秀的戏曲人才，并探索了一套行之有效的教学方法。从对净行教育的方法、剧目传授等方面可以看出，他是有整体、全面的思考的，从中也可以看出他在教育方面对净行传承发展的自觉意识。

作为京剧净行郝派创始人，他并不只是教自己这一派的剧目，而是铜锤、架子以及前辈积累下来的剧目，都进行传授。如《御果园》《铡美案》《草桥关》《牧虎关》《白良关》《断密涧》《沙陀国》等，而自己的代表剧目仅教了《捉放曹》《黄一刀》《瓦口关》《醉打山门》等。他是根据艺术教育规律和学生的需要来安排教学剧目，而不是借教学来繁衍自己的艺术流派。郝寿臣虽然开创了"架子花脸铜锤唱"的新模式，但他在学校教授的剧目中，铜锤戏多于架子戏，足以看出他对剧目教学的良苦用心，以及对京剧净行教育传承的建构。他先用铜锤戏《二进宫》《铡美案》《锁五龙》《大保国》《探皇陵》等为学生开蒙，以奠定扎实的唱工基础。即使传授自己的代表剧目时，也不是一味地给学生宣讲自己的艺术特色，而是实事求是地说明很多地方学习、吸收了前辈的优长。如哪些唱腔是刘鸿声的特点，哪些唱腔是学何桂山的，哪些身段来自黄润甫，哪些表情吸收了李连仲的特点，等等。郝寿臣在学校执教10年，共教授了40余出花脸剧目，成为学校学生常演的优秀剧目，赢得观众好评。今天，这些剧目又由他的学生传授给了新一代，得到传承和发展，持续散发着生命力。

在教育方面，郝寿臣不但传授前辈积累下来的剧目和自己的代表剧目，而且对自己演出过的由别人加工整理的更为优秀的剧目，也欣然接受，并按新版本教授给学生。这在当时的环境和条件下，特别是自己已创立了郝派的情况下，这种做法是非常了不起的，值得尊崇。《桃花村》是郝寿臣创演的一出独具风采的架子花脸剧目，翁偶虹在郝寿臣演出本的基础上为当时的中国京剧院编了一出新的《桃花村》，并将《花田错》与之相糅，做了较大改动。郝寿臣看过后觉得改编本更好，于是在教学生时，就按改本教。随后，又将剧中的唱段和表演加以丰富，使该剧更加完善。郝寿臣考虑的不只是老剧目的承继、本派剧目的传承，更多的还是对净行剧目的丰富、完善和发展。从这种精神和教育方法中可以看出，郝寿臣在这些方面对京剧花脸行当的建构也是主动、自觉的。

从以上几个方面来看，郝寿臣的艺术发展是非常全面的，具有完整性；对整个京剧净行的建构是成系统的，具有自觉性。在当下剧目排演仅仅是为了个人，或者所谓的为演员量身打造的环境下，创作时少了对剧种、对行当本身主体性的关照和考量，致使行当发展变得日益畸形，剧种风格日益趋同。行当自身的丰富、发展和完善是需要不断地向前推进的，具有自觉性的建构意识至为关键。郝寿臣对京剧净行的自觉性建构，对当下戏曲创作中出现的问题及一些思潮、倾向等，都具有深刻启示，需要进一步深入、系统地探究。

传承郝派艺术 北戏勇担重任

孙明玉

近年来，北京戏曲艺术职业学院师生坚决贯彻党中央、国务院关于"支持戏曲传承发展""关于加强新时期戏曲教育""弘扬优秀民族文化"等若干文件精神。坚持传统艺术的传承与发展，努力弘扬优秀民族文化，为树立文化自信，从而推动社会主义文化繁荣昌盛贡献力量。由北京戏曲艺术职业学院申报的北京市文化艺术基金 2017 年度艺术人才培养资助项目"京津冀京剧郝派表演艺术人才培养"工作正在紧张地开展中，面对当今郝派艺术的传承和发展堪忧的趋势，使得这个项目的申报意义深远。

郝寿臣先生是著名京剧表演艺术家、教育家，1956 年出任私立艺培戏曲学校（后改为北京市戏曲学校）校长，是北京市戏曲学校（北京戏曲艺术职业学院前身）的第一任校长，在担任校长期间，他不仅要处理学校的一切事务性工作，而且还亲自授课，对学生的文体活动和饮食起居都要操劳过问。由他培养的众多戏曲人才，成为日后京剧各行当、流派的优秀传承人。

郝寿臣先生对待艺术态度严谨，善于刻画人物，他融合了金秀山的铜锤与黄润甫的架子表演，唱念方面在尊重艺术规律的基础上通过不断的实践和创新形成了自己独特的艺术风格，对净行的发展起到重要推动作用，由他开创的"架子花脸铜锤唱"的表演思想以及艺术践行，使架子花脸在原有注重做派、工架的基础上，增强了唱腔和念白的比重，把架子花脸推向了新的历史发展高度，使得架子花脸的表演更加全面，进一步走向了完善和成熟。郝寿臣先生一生中塑造了百余个精彩的舞台形象，尤其是创演了《荆轲传》《桃花村》《飞虎梦》等新戏，并加工排演了《打曹豹》《瓦口关》《红逼宫》《打龙棚》等几乎失传的老戏，通过不断加工整理传统老戏和创新剧目，创立了"郝派"艺术，这使得郝寿臣先生成为京剧架子花脸行当中的重要代表性人物。

在担任北京戏曲学校校长并任教期间，郝校长运用独特的教学方式，对待学生从不千篇一律，而是根据学生们自身的不同情况，采用因材施教、普遍提高、重点培养的教学方式，根据每个学生的不同条件，扬长避短，使其优点得到充分的发挥和展示，且在教学过程中从不刻意强调"郝派"艺术，而是注重基础教学的规范性，不使学生过早地被流派所影响，博取众家之长。他所教过的学生均得到同行当众多艺术家的指点，从而使得郝校长所教的学生在舞台艺术表演中呈现出不同个性的艺术风采，但其表演又不失"郝派艺术的魂"。郝寿臣先生主张教戏教人，在传授技艺的同时，加强思想道德的培养。他的教学方法、治学理念在今天依然对戏曲教育有着较为深远的影响。

郝寿臣先生所创立的"郝派艺术"使得他成为京剧花脸行当中承前启后、继往开来的重要人物，但由于当时缺乏科技设备，留下的影像资料少之又少，向其学过戏的传人，均已年事已高，无法继续上台完成演出，近几年来"郝派"艺术的代表剧目鲜有在舞台上呈现，急需培养多位青年优秀花脸演员，通过学习以延续郝派的经典剧目，确保郝派艺术得以传承。

传承京剧艺术，挖掘、整理抢救濒临失传的郝派艺术是北京戏曲艺术职业学院应尽的责任与担当。郝寿臣先生在校任教期间，培养了很多郝派艺术的传承人，席裕身、王福来两位老师就是其中的佼佼者。席裕身老师随郝寿臣先生学习 10 余年，曾在梅兰芳剧团长期担当主演。后在北京戏曲艺术职业学院任教 40 余年，曾随袁世海、裘盛戎、侯喜瑞、苏连汉等艺术家学习，对净行演员和年轻师资的培养做出了突出的贡献。王福来老师 1952 年考入北京戏校，工净行，师从著名表演艺术家郝寿臣，受到苏连汉先生和郭敬安老师指点。年幼时与裘盛戎先生学过《白良关》，1959 年毕业后留北京戏曲艺术职业学院任教，期间被借调到北京京剧院担任主演，培养的学生均在全国各大院团担任主演。两位老师均为郝寿臣先生的亲传弟子，且有丰富的舞台经验和多年的教学经验。

正是因为与"郝派"艺术的渊源，和所拥有的诸多宝贵资源，北戏意识到了"郝派"艺术现今发展形势堪忧，承担起抢救"郝派"艺术的重担，积极开展了一系列抢救活动，2016 年学院组织召开了"纪念京剧表演艺术家、教育家郝寿臣先生 130 周年诞辰学术研讨会"，60 余位来自全国各大科研院所的专家就"研究郝寿臣先生表演、教学、治学"为主题，重点回顾、研讨、交流、总结了郝寿臣先生的生平经历，舞台表演艺术，京剧教学、治学的经验及方法，郝派艺术特色等内容，将郝派艺术与京剧花脸其他流派的比较等问题进行了研讨。通过专家、学者以及家属的讲解、描绘，再现了一位德高望重、学识渊博，在艺术上精益求精，真诚奉献的伟大的艺术家、教育家的形象。目前研讨会相应资料已结集成册，相关论文也已在编辑出版阶段。由北戏申报的北京市文化艺术基金 2017 年度艺术人才培养资助项目——"京津冀京剧郝派表演艺术人才培养"项目通过各方努力也正式通过审批。该项目积极响应国家号召，计划联合京、津、冀三地的知名剧院团，选拔有基础、有潜质的京剧花脸人才，以思想品德教育为先导，以郝派剧目及其技法传授为核心，对京剧青年花脸演员人才进行培训，使京剧郝派艺术得以有效传承和发展。本次培训班由郝寿臣先生的亲传弟子席裕身、王福来两位老师传授，共有《黄金台》《黄一刀》（由席裕身老师教授）、《沙陀国》《牛皋招亲》（由王福来老师教授）四出"郝派"艺术的代表剧目。使学员们通过本次学习，掌握或文或武（舞）类型不同的郝派剧目，熟练掌握其中的表演技艺。通过剧目初步掌握、了解并学会郝派"架子花脸铜锤唱"的主要特点和风格。能够在舞台上呈现人物刻画上的独特风貌。

郝寿臣先生以毕生的精力和心血发展了京剧的花脸艺术，创立了"郝派"艺术，为后辈京剧人留下了珍贵的艺术盛宴。先进的教学方法和治学理念为北戏日后的发展奠定了坚实的基础。北戏的全体师生将秉承郝寿臣先生的艺术精神，以北戏的力量，努力传承"郝派"艺术，在传统戏曲艺术的传承和发展中做出应有的贡献。

纪念京剧表演艺术家、教育家郝寿臣先生130周年诞辰学术研讨会实录（上午）

时间：2016年11月22日
地点：万芳苑酒店6层大会议室

尊敬的各位领导、专家、郝寿臣先生亲属及应邀参会的各位老师：

大家上午好！

欢迎大家来莅临纪念京剧表演艺术家、教育家郝寿臣先生130周年诞辰学术研讨会。郝寿臣先生是著名京剧表演艺术家、教育家，是北京市戏曲学校（北京戏曲艺术职业学院前身）首任校长，对于教学工作，他有自己的见解，积累了大量的戏曲教学经验。郝先生重视因材施教的艺术教育原则，主张扬长避短发挥学员的才能，把一般教学和重点培养结合起来。郝寿臣先生主张教戏教人，在传授技艺的同时，加强思想道德的培养。郝寿臣先生的教学方法、治学理念在今天依然对戏曲教育有着较为深远的影响。作为京剧表演艺术家，郝先生融金秀山铜锤与黄润甫架子两家艺术于一炉，唱念自成一格，创成被誉为"架子花脸铜锤唱"的郝派艺术，以气魄取胜，唱念韵味浑厚，工架凝练，表演浑然一体。他塑造了一系列生动传神的艺术形象，深受广大观众喜爱。2016年适逢郝寿臣先生130周年诞辰，今天我们邀请了众多表演艺术家、专家学者来共同研讨郝寿臣先生在艺术表演、京剧教学、治学等方面的成就和经验，研讨郝派艺术特色，推进郝派艺术理论研究工作，同时促进学院进一步提高京剧表演专业的教育教学质量，为戏曲人才培养体系建设注入新的活力。

下面按照会议议程，我把今天参加会议的嘉宾给大家做一下介绍。

北京戏曲艺术职业学院名誉院长、京剧表演艺术家孙毓敏

河北艺术职业学院院长庞彦强

北京市文化局演出艺术处处长郭竹青

北京市文化局研究室主任宋伟琦

中国戏曲学院京剧系主任舒桐

上海市艺术研究所所长、党委书记殷瑛

香河县文广新局局长李朝民

香河县文化馆馆长、二级演奏员田立平

香河县文化馆二级演奏员周春荣

香河城市发展中心经营管理总监张前辉

湖北省艺术研究院刘慰东

辽宁省艺术研究所研究一部主任刘新阳

京剧表演艺术家黄德华

京剧表演艺术家李玉芙

京剧表演艺术家萧树增

北京戏曲艺术职业学院原副院长李连仲

郝派弟子席裕身

郝派弟子吴一平

郝派弟子王福来

郝派弟子周万江

郝派弟子袁少海和夫人张玉莲

郝派再传弟子李志正

戏曲理论研究专家周传家

北京市艺术研究所退休专家于文青

北京京剧院花脸演员李扬

戏曲导演刘学忠

北京戏曲艺术职业学院原教科处主任王如昆

郝寿臣先生家属：郝春荣，郝天慈和夫人邱淑琪，郝天意和夫人王素英，郝爱莲，郑志超，郝学曾，郝继曾

北京戏曲艺术职业学院院长刘侗

北京戏曲艺术职业学院书记刘宝华

北京戏曲艺术职业学院副书记毕兆炜

北京戏曲艺术职业学院副院长黄珊珊

北京戏曲艺术职业学院副院长黄平

北京戏曲艺术职业学院副院长许翠

京剧系、地方戏曲系、教务处和艺术研究中心的各位老师

主持人：下面有请专家们发言。我们特别请来了戏校的第一届毕业生。今天上午想请孙毓敏老师、李玉芙老师、黄德华老师、席裕身老师、李连仲老师、王福来老师、周万江老师、袁少海老师、舒桐老师、于文青老师、许翠副院长、郭竹青处长依次发言。我们首先热烈欢迎孙毓敏老师发言。

孙毓敏：题目《郝寿臣校长：我们永远想念您》（见文章）

主持人：下面热烈欢迎李玉芙老师发言。

李玉芙：我 13 岁那年父亲去世，家里就剩我自己了，第二年 11 月就到了咱们北京艺培学校，来了就听说郝寿臣郝校长德高望重。见到郝校长感觉他特别慈善。在学校六年多，没听说过郝校长发过脾气，也没有看他绷着脸过。我刚到北京胆战心惊，不知道这边都什么规矩。记得有次去校长家，一进门看到他的母亲，穿浅蓝色的布褂，蹬一双半高的长袜，布鞋，特别干净利索。她领着我们到校长的屋子。冬天校长屋里有一个铁炉子，跟别人家的不一样，擦得特亮，干净整洁。他本人穿着也干净。他干什么都条理特别清楚。

在学习和作息方面，校长安排得非常科学。天蒙蒙亮一定是练早功，然后吃饭，上午学习业务课，下午（学习）文化课。我们的生活老师曹老师是个上海人，严格执行校长的要求，早晨按时练功，熄灯跟起床也必须按时，谁要是没睡，曹老师一查就查出来了。我们那六年过得很艰苦，但是非常温暖，非常舒畅。教学方面，校长因材施教。你合适就学，不合适就改行。你适合学头路的老生，你就学头路，学二十多年，慢慢转化嗓子过来。二路三路，每个行当里分路，都得有尖子。二路演员三路演员不见得不是尖子，二路演员有很多出名的，咱们的京剧就是这样一门综合艺术，需要各个行当通力合作。校长教戏的时候不管是念白还是动作都身体力行，他的《黄一刀》，我们特别爱看，他主要教人物的刻画与塑造。

郝校长是立在那儿的一个楷模，会的戏多，脸谱甭说了。我老早看他那脸谱，勾得真干净，而且人物眼神漂亮。他的脸谱在全世界都很有名的。校长还特别严谨，我念一个我书里收藏的例子。1953年我们第一次在中和戏院演出，校长特别有一个启示："我们学校前身是艺培学校，今年2月正式改为市里学校，学生们在不到两年的时间内学会了几十出戏。"那是我们第一次对外卖票演出，头一出是《辕门斩子》，第二出是我演的《春秋配》。从1953年演出以后经常演出，学校定的每个礼拜五必须彩排，在不断的演出中把我们打磨了出来。

最近我看了咱们学校一场戏。那天演了四出折子戏：《小放牛》《三娘教子》《祭塔》《小商河》。看完我特别兴奋。过去老说师资的质量问题，这次看完以后，我觉得咱们学校太棒了。《小放牛》里两个人差不多30分钟都在唱，不喘。这个老师功夫真是到家，一喘他就没功夫了。再看《三娘教子》程派青衣，演员的扮相、做派、程派抖袖的范儿和定场念白的节奏，太好了，特别好的程派大青衣。《祭塔》观众都觉得太难了，那武功太规范了，规规矩矩的，真是规范。我说这样的老师能教不好学生吗，咱们演了好多场，反映非常好。

特别祝贺咱们学校，对得起咱们校长，校长在天之灵一定感到非常欣慰。咱们学校现在越办越好，越办越大。

主持人：下面请黄德华老师。

黄德华：题目《纪念郝寿臣校长诞辰 130 周年》（见文章）

主持人：谢谢黄老师。下面我们请席裕身老师。

席裕身：首先我感谢咱们学校领导安排这次纪念郝老 130 周年诞辰研讨会，对于我们来说，这是一个重新回忆、重新学习的好机会。我想说什么呢？首先是学校建设。刚开始的艺培戏校是一个破庙，相当穷，而且是私立的，也没有任何待遇，老师的条件更艰苦，只能给一些车马费，但是这些老师们都无私地为我们这些学生服务。当时仅仅三个月的实验期，各组都排出戏了。再一个是郝老的教学方法，我刚入学时 11 岁，郝老给我们上课从来没瞪过眼，更别提打骂了。当时他已经 50 多岁了，为了一个动作给我们来好几遍，可见老校长对于教学的认真。现在回想起来，他教我们的剧目也是循序渐进，相当科学。刚入校时，我们几乎什么都不会，他教了我们《二进宫》《锁五龙》《黄金台》。在很短的时间内我们就学会了，三个月就可以演出了。之所以这么快是因为《二进宫》是二黄的铜锤戏，板式平稳，没什么动作，先学《二进宫》可以帮助学生了解铜锤的唱法。第二出《锁五龙》是【西皮】的，【西皮】里头就复杂点了，有【摇板】，穿箭衣，而且动作得好看；第三出《黄金台》，穿马褂，与前两个又有点不同，有好多动作。他所教的戏和他本身演的人物，都是千人千面，绝不是千人一面。

当时，郝老已经是德高望重了，但是给我们上课的时候从来没有说这是郝派。现在回忆，给我们说戏的时候都是介绍他们的老前辈，比如说《黄一刀》的转身，90 度硬转身，他会说："这是何九爷（何桂山）的东西。"还有一些戏，铜锤戏，鼻音，说"这个过去是老金先生（金秀山）的"。盗马的问题要突出"盗"，要突出老英雄的气质，绝不能胡子来回甩。郝老师的盗马很有特色。现在的盗马都是一亮相走了，而郝派是背着身这么走，给人感觉带门偷着走了，不是随便就这么走了。类似这样的例子在我们教学当中还有很多。他的艺术特别讲究，而且是把真实的生活和艺术相结合，真是特别好。

20世纪50年代，党中央提出了文艺方针，要"取其精华，去其糟粕"。郝老虽然只上过一年私塾，但他对当时领导号召的东西非常认真，他会花很大功夫把那些低俗的内容能改的都改了。刚才德华说了，在我们学校从唱词到表演，感觉这个东西不好就不要。我记得特清楚的是旧版《黄一刀》最后打恶霸，打恶霸的媳妇，有个卸腿的动作，有一个假腿上来之后拿着秤砣打这个旦角的小脚，还要闻一下，这些动作郝老都去掉了。他尽自己的力量，给我们留下了很多财富。今天有这么一个机会让我们缅怀老校长，使我们非常感动，我们只能尽我们的力量，为咱们戏校贡献我们微薄之力，谢谢大家！

主持人：下面有请王福来老师。

王福来：题目《怀念恩师——郝寿臣校长》（见文章）

主持人：谢谢王老师，有请吴一平老师发言。

吴一平：题目《郝寿臣心中的曹操是个英雄》（见文章）

主持人：我们下面有请周万江老师发言。

周万江：题目《以德育人的郝寿臣校长》（见文章）

主持人：下面我们有请袁少海先生发言。

袁少海：首先谢谢领导和师哥、师弟、朋友们、同志们对我师爷爷的关爱，今天由戏校举办这个研讨会，我认为是非常必要的。郝派艺术今天了解的人不多了，尤其是年轻一代。刚才师哥们都谈到了郝派艺术，因为他们亲耳听了郝校长的教诲，知道是怎么回事，您说现在舞台上的这些演员演的曹操都不说别的，演不出那个劲头来，所以我今天听到校领导布置的这个任务之后，心情也非常激动，太好了。能够在这么一个场合下，大家畅所欲言郝派艺术，把我师爷爷的丰功伟绩一样一样摆在这儿，目的只有一个，听党的话，跟党走，传承中国的国粹艺术，尤其是架子花脸。架子花脸现在是奇缺。

我今天简单汇报一下，我们的郝校长、我的师爷爷如何给我父亲传授舞台艺术，以及我父亲如何从爱郝派，到学习郝派，再到立起郝派。我父亲讲我师爷爷身上最重要的是德。新中国成立后，在彭市长的倡议下拍摄戏曲电影《群英会》，把所有的名角约来一块排这出戏。原定曹操由我师爷爷演，但是我师爷爷把我爸爸找到家去说："世海，我考虑了好几天，这曹操非你莫属，为师老了，演不出当年那个风采了。我看过你这个曹操之后，只有你能接这个。"我父亲当时很迷茫，觉得这是师爷爷的活儿，他去演是大不敬，就跟我师爷爷再三推托，我师爷爷说："不行，为了党的事业，这电影拍出来要给观众留下一个真曹操的形象。"后来我父亲说："您得重新给我排，哪不好您给我现场指导。"我师爷爷马上就答应了，之后每次排他都到现场，一点一点给我父亲说。我们一家子深受感动。演完电影后给了我父亲800块钱劳务，当时我师爷爷一直就想把脸谱集出版了，打了几个报告，不说批也不说不批，一直压着。我父亲去了解情况，才知是资金紧张，就说这是老师的一个心愿，最后把拍电影得到的酬劳拿出来给我师爷爷拍了剧照，出版了脸谱集。这样的师生关系造就了我父亲舞台上的成就。尤其新中国成立后排的戏，他都会先去找我师爷爷去学习。按说我父亲功成名就了，还费这劲干吗，因为我师爷爷对艺术精益求精，绝不允许凑合。在我爸爸拜师的时候，师爷爷问他："你拜我为师，是你学我，还是我学你？"我爸爸说："那我当然得学您了。"师爷爷又问："你学我什么呀？"我爸爸被问懵了："我什么都学。""错，你学我的好，不能学我的拙。一个演员得善于藏拙，你的优点大放特放，你的缺点要收得最小，得把我揉碎了变成你，用你到台上去演，你才能叫袁世海。你把我原封拖出去，你永远成不了郝世海！"这是我父亲从我师爷爷那儿得的真传。跟我父亲学过戏的都知道这个故事，要根据自己的条件把老师的优点拿过来，不能把老师的缺点也学过来。举个例子，郝校长《青梅煮酒》的曹操，对刘备的眼神是怀疑、不信任，一直心里头就小心眼，就是试探，我师爷爷演的曹操一瞧见刘备之后，眼睛一直在刘备身上转悠。言谈举止之所以吸引人，是因为每个人的台词里头都有含义在里面，不是简单地说"出来拜拜"。我父亲活学活用，觉得对待刘备是这样，那对待关羽呢？不是拿怀疑的眼光，不相信的眼光，而是对关羽敬佩的眼光，放心的眼光。这些戏（演出之后），观众给予热烈的掌声，郝校长看完之后说太好了，借鉴得太好了。

郝校长诚信做人，品德高尚，德艺双馨。也祝咱们学校沿着郝校长的路继续走下去，改革创新，在怎么改，怎么创，怎么出人才，怎么不辜负党对我们学校的关注等问题上继续努力。别的没了，谢谢大家。

主持人：下面我们有请于文青老师发言。

于文青：今天，我们怀着厚意深情，纪念一代名净、著名京剧表演艺术家郝寿臣先生 130 周年诞辰。学习、总结、发扬他在其艺术道路上沿着历史的轨迹，顺应时代的潮流，牢牢把握艺术规律，艰苦卓绝，为京剧事业贡献一生的精神。我采用诗词的形式，来总结、赞颂京剧艺术各流派著名表演艺术家的艺术人生、艺术特色等。这是我的一个尝试，请嘉宾、专家和朋友们指正。

第一首：《水龙吟·郝派神韵》。

架子做表铜锤唱，编织郝派神韵。文中带武，武中有文，珠圆玉润。浪迹江湖，艺路坎坷，自励精进。回京搭班，转益多师友，取寸长，惜寸阴。

继承发展创新，一曲《捉放》，活孟德，神完气足，壮志凌云。创水白脸，笔趣诗魂，奸雄曹操，寓雄才、气魄、黠疑一身。出神入化，匠心独运。

第二首：《金菊对芙蓉》，赞颂他独辟蹊径。

艺苑奇葩，万紫千红。新戏受众欢迎，名优竞排演，梅、程、马、周，开拓精进夺天工。争效仿，如坐春风。一代名净，与时俱进，名就功成。

声情真善美雅，塑活虎生龙。新编《打曹豹》，神真至性，栩栩如生。设宴戒酒造环境，凸显张飞莽性情。花脸界创先河，郝公独辟蹊径。

第三首：《十六字令》，赞他的真善美雅：

真，本固枝荣功力深，创新韵，情真铸艺魂。

善，尽善尽美重实践，不讳短，取长谱新篇。

美，以意立象形神随，做与表，观者口似碑。

雅，正而有规将俗拔，演人物，生活助升华。

最后一首诗：《沁园春·白脸谱》

净角脸谱，五彩勾画，图案夸张。从生活出发，结合剧情，人物性格，以意立象。笔墨情趣，忠奸分明，美轮美奂世无双。展魅力，妙在寓褒贬，神清气爽。

流派各有所长，创新发展异彩万方，金派集美独步楚霸王；侯派德高艺精流芳。郝寿臣雅称活孟德，水白脸，笔酣墨畅。寓神采，《捉放》塑奸雄，两面脸庞。

主持人：谢谢于老师，下面我们有请舒桐老师。

舒桐：首先非常感谢以刘侗院长为核心的领导班子，能在（北京市戏曲艺术职业学院）建校 60 余年的时候，追思怀念，尊重传统，尊重前贤，纪念我们伟大的表演艺术家、教育家郝寿臣 130 周年诞辰，这种传承的精神是值得我们尊敬的，感谢刘院长举办这次活动，使我们能够有机会坐在一起畅谈，回忆老前辈的德高望重的往事。郝寿臣先生也曾在中国戏曲学院（以下简称国戏）任教，当然我们都没有福气赶上过，在国戏建校之初，我们杨启顺老师等都受教于郝寿臣先生。

从个人的角度，我作为晚生后辈，能够在今天的京剧艺术道路上取得一点成绩，我想有一个重要的原因是我学习了一些郝派的剧目。在我上大学的时候，知道了郝派，正像刚才老师谈到的，现在的年轻人很可悲或者可怕的是不知道郝派，这不是耸人听闻。课堂上你要抽一个年轻的花脸学生问他，可能他都不知道，我觉得今天办这个活动是很有意义的。记得在纪念郝先生 125 周年诞辰的时候，我受邀参加了在梅兰芳大剧院的演出，有幸接触到了郝派的剧本。在我的学习过程中，在我的艺术道路上也汲取了郝派艺术的营养。我在上青年班的时候学习的《除三害》这出戏，非常有代表性。第一天学这个戏的时候，景荣庆老师亲口说，他与和曾同志恢复这出剧目的时候，第一件事是拍开了郝校长的大门，去向郝校长学这出戏，复排这出戏也是经过郝老的加工。

第二件小事，我大学毕业后一直在国戏工作。在 1998 年听同学介绍说，想学习郝派剧目，必须到北京戏校，我不知道王福来老师还记得不记得，我找一个同学要王福来老师的电话，王老师没有任何的条件就说："来吧。"更有幸的是，通过几年学习，我对郝派艺术越来越喜欢。这个架子花脸能够形成一个流派，郝寿臣先生是功不可没的，他做出了毕生的贡献。接下来还要了席裕身老师的电话，当时师娘还在。给我说的第一出戏就是《黄一刀》，让我更深刻地感悟到了郝派艺术的魅力，当我把这出戏带到台湾演出，当时剧场的反映是我在大陆没有感受过的，一个词、一个亮相、一个唱腔，现场反应热烈。台湾观众的热情并不能证明我演得多好，而是证明这出戏的魅力。这出戏在台湾演出反响热烈，既说明郝派艺术的魅力。也说明这出戏能够传承到今天肯定有它的独特魅力。接下来又在席老师指导下，在梅兰芳大剧院演出了《牛皋招亲》，那天是最后一出，演的时候效果非常好。

回望我的成长道路，汲取了郝派艺术的很多养分，我想无论是席老师，还是王福来老师，他们不仅传承了郝派艺术，更重要的是传承了郝先生德艺双馨的精神。今天这个会我最后想说的是：第一，咱们戏校有这么丰厚的资源，应该为这几位硕果仅存的郝先生亲传弟子，做进一步的剧目挖掘整理工作。第二，郝先生推动提升发展创新了我们花脸艺术，是开宗立派的人物，提出了"架子花脸铜锤唱"的理论，这个理论直到现在都是我们要去研究的，这有利于我们对架子花脸艺术的传承。最后，郝先生在舞台上、在艺术上创造了这么多代表性的人物，更重要的一点是郝先生到了晚年，培养出在座的，包括今天未到场的几代京剧艺术家，做了延续梨园香火的工作，是功德无量的事情，是我们在座的戏曲教育工作者应该研究继承的。再一次感谢刘侗院长邀请，祝贺这次的研讨会圆满成功，谢谢各位老师。

主持人：下面我们有请副院长许翠发言。

许翠：今天是一个非常好的对郝派艺术全面了解和学习的机会，所以感受非常深。我们北京市戏曲艺术职业学院（以下简称北戏）现在还秉承着郝校长留下来的教育理念。因为时间的关系，我就总结了以下几条比较重要的感受：

第一点是尊师重道。这是我们京剧界至今保留的宝贵品德，这一点在今天的研讨会上我的感受更加深刻。各位老师今天谈的都是对于郝校长的怀念，到今天我们还依然在尊重这样的前辈，总结发扬前辈的精神，我认为这是今天这个研讨会最重要的意义。

第二点是师承规范的教育理念。今天见到许多郝校长的亲传弟子，他们谈的都是师承的规范，他们为什么今天还在传承，包括刚才舒桐主任说的，他为什么要去找王福来老师，就是因为师承，我们讲究拜师从艺，是永远不可丢失的，我们改革归改革，但是一定要从师父那儿学来师承的规范。这也是北戏一直以来的教育理念

第三点，北戏的宝贵财富还有很多很多，我希望这次研讨不仅仅是一个纪念，而是把它引向深入，让它在我们教学实践中得到发扬。因此我们不仅让学生学戏，还要让他们知道每一个流派怎么来的，又是怎么样延续的，而不是你只知道教他的老师。这应该是我们教学工作中的重要任务之一。

第四点，学习郝老的治校理念和对艺术的精益求精的态度。我感觉到肩负责任重大。刚才说了好多郝校长的治校理念，大力弘扬他的德艺双馨精神对我们最有指导意义。

第五点，今天的研讨对我今后的工作特别有启发，也有重要的指导作用。我们应该去思考这样一些问题：到了我们这一辈，我们怎么继承流派？我们作为戏曲教育工作者应该怎样去培育人才？非常感谢各位专家老师，感谢各位嘉宾，能来北戏参加研讨会，对我们前辈郝先生的纪念也好，对北戏的教学也好，对我们京剧艺术今后的发展也好，我觉得大家都是一片热心，对这个事业充满信心。我今天对京剧艺术发展更加充满了信心，而且我认为我们这个宝贵的财富应该能够得到发扬，将来在我们的学生身上能得以延续！

主持人：下面有请庞彦强院长。

庞彦强：一个感触是通过各位老师们的发言，再次证明了一个艺术的真

理，那就是：艺术永远是源于生活，高于生活的，艺术绝对不能等同于生活，等同于历史。如果我们把艺术跟生活和历史等同了，那就没有艺术了。再一个是，回忆郝校长的艺术和教学道路，我有什么感受呢？要想做艺术，必须得具备一种精益求精、一丝不苟、永不停歇的精神，只有这样才能把艺术发展得更好。第三个感受，我想作为一个艺术家，必须永远像郝校长那样，尊重同行，尊重师友，爱护自己的弟子，只有这样才能做到德艺双馨，艺术与人生相得益彰，既把艺术传承发展好，又把自己塑造好。这三点对我的触动特别深，回去以后我要把今天的感受讲给我的同事们，讲给学生们，谢谢老师们！

主持人：最后请郭竹青处长发言。

郭竹青：各位尊敬的艺术家、专家，我今天参加这个研讨会非常感动，对我个人来说也受益匪浅。我在北京市文化局艺术处工作了很多年，我非常愿意参加这种研讨会，对我自己来说是艺术修养和人生修养的提升，对工作来说可以让我了解目前艺术发展的状态、思想，以及文化发展的方向，使我们无论在今后制定政策还是出台一系列规范，都有的放矢、有据可依。

今天有两点感受。第一，我觉得北京戏校举办这样的活动非常令人敬佩，体现了我们对郝校长的尊敬，其实也是我们传承、不忘初心的具体体现。第二，现在国家和北京市都出台了戏曲发展的政策，我们也是希望借助这个政策，对现在的戏曲事业发展多去做一些工作，今后北京市文化局也要依托在座的艺术家、专家，包括我们郝派的传承人，共同把北京市的戏曲事业发展好。另外，听了这么多郝派传人发言，特别想听郝派的唱，在明年的工作中，作为文化局，我们一定要支持郝派，支持这些演出，支持戏曲的发展！

主持人：下面请刘侗院长发言。

刘侗：谢谢各位专家的发言，非常精彩，整个上午，我作为一个教师，作为一个教学管理者，真的是受益匪浅，让我感受到我们郝校长精神的博大精深。在这里向我们上午所有与会的专家们表示衷心感谢，谢谢大家。我回应一下刚才郭处长提的建议，明年是北戏办学建校 65 周年，我们已经在长安大戏院订了三个星期的场子，从 11 月底到 12 月中旬，将全面展示北戏艺术教学成果，其中包括郝派、马派、荀派，包括我们老师的学习汇报和学生的学习汇报，含京剧、评剧、梆子、音乐、舞蹈等，到时候还需要在座的各位专家继续给予我们更大的支持。谢谢！

纪念京剧表演艺术家、教育家郝寿臣先生130周年诞辰学术研讨会实录（下午）

时间：2016年11月22日
地点：万芳苑酒店6层大会议室

主持人：下面就请香河文化局李朝民局长讲话，大家欢迎。

李朝民：我跟郝寿臣先生是同乡，我们从香河县坐汽车到这儿一个小时的车程。从空中看，我们县是一个枫叶状的小县，36万人。我们家乡最近这几年按照国家的政策方针，注重生态环境发展，县里提出要建设生态香河、产业香河、品质香河，文化建设被提到香河建设的议事日程。郝老先生村里要搞一个文化园区，想把郝先生生平和艺术成就放在园区里展示，因此我们才开始跟郝家联系。关于郝校长的事迹，之前都是网络上的只言片语，都是理论概念上的东西。后来见到郝家人后，我们就商量说怎么继承传承郝派艺术，传承中国戏曲文化。我们香河县正好建了一个艺术中心，我们就想命名为郝寿臣大剧院。由于最近一段时间跟郝家人联系频繁，才知道我们学院最近要搞这么一个活动，所以今天我们就来了，而且还不是我一个人来的，还有我们文化馆的馆长田老师，戏曲演员周老师，艺术中心的建设方、华夏集团的张总，我们一起来了。

我再跟大家汇报我们干什么来了。我们确实想跟北京戏曲艺术职业学院一起传承郝派艺术。我们在艺术中心建了一个戏楼，戏楼一楼布置的是郝先生的生平展，二楼做的是郝寿臣的脸谱展，应该2017年"五一"左右就建成了，到时候还希望各位艺术家，各位校长抽时间去我们那儿看看，我们同学院一起传承郝派艺术，弘扬中国的戏曲文化。

来之前我请我们香河县青年书法家给我们这次会议专门写了一幅字，把它送给我们学院。我给大家简单念一下："人淡如菊成巨作"，这是说郝先生的一生淡泊像菊一样，最后成了大腕；"座中佳仕忆梨园"，我们在座的各位专家，我们一块共话梨园，共同研究中国的戏曲文化。

刘侗：大戏院开张的时候，北戏将隆重前去祝贺，大戏院将成为北戏教学实践基地。

主持人：下面请来自北京京剧院的萧树增老师。

萧树增：听了各位专家讲的这些故事受益匪浅，我也是北京戏校的一名毕业生，我听了这些老师讲的这些故事，感到咱们老校长他不但在艺术传承方面，而且在德育方面也做出了很大的贡献，对咱们北京戏校未来的发展都奠定了坚实的基础。

今天开这个会确确实实应该感谢北京戏校现任的以刘侗校长为首的领导班子，这个会我感到非常好。同时也深感北京戏校历年为京剧事业、为戏曲事业做出的贡献和努力，我作为一个北京戏校的毕业生感到非常荣幸，谢谢大家。

主持人：下面请李连仲老师发言。

李连仲：各位领导、各位专家、我亲爱的师哥师姐们，大家好！参加今天纪念郝校长的研讨会感到非常高兴，非常荣幸。

首先我代表李文敏老师讲几句话，因为文敏老师外出不在北京，委托我代表她发言。前几天文敏老师在电话里对我说："我是北京戏校第一届毕业生，对郝校长以及当时在校教学的老先生们感情很深，王少楼、孙甫亭、孙毓堃等老师给我们印象深刻，他们对教学认真负责，并且水平很高，为培养学生兢兢业业、勤勤恳恳，付出了很大的心血。又由于我家庭的原因

（父亲是梅兰芳先生的大管事，人称李八爷），与戏班有特殊的感情。20世纪60年代初我调回学校工作，所以对他们很熟悉，至今我很怀念他们，他们教给了我们很多，我很敬佩他们，衷心地感谢他们。"

我本人发言主要想表述的是有关"缅怀与回忆 继承与弘扬"的内容。

题目：《缅怀与回忆 继承与弘扬》（见文章）

主持人：下面请王如昆老师发言。

王如昆：重复的不说了，接着连仲老师的发言说。上午舒桐老师说了这么一个建议，要充分利用北戏的资源。我觉得还是要回到不忘初心、继往开来这两个词上，这次纪念活动确实起到这样一个作用。北京戏校的精神在原来校长奠定的基础上再发扬光大，要充分利用这样的资源来把我们的根基扎稳，要使我们的前进更有动力。我觉得这是一个非常好的契机，这个建议供院长参考。

我们这班人在郝校长的光环下，在我们这帮艺术家师哥师姐的鼓舞下，起了一些承前启后的作用。我记得最深的就是我们北京戏校举办的纪念郝寿臣100周年诞辰纪念活动，应该是1986年。那次我们举办了新闻发布会，扫了墓，举办了研讨会，同时举办了四场演出，非常非常轰动。我们还用手头的资料，自己动手做展览。后勤做的铁架子，剧协借来的展板，把郝校长的双斧、腰刀、纱褂子，包括席老师保存的修改过的《桃花村》的剧本摆在那儿，那时候有好多的图片。还有刚才万江老师说的，郝校长读《三国》的照片。拨乱反正以后，搞了一系列活动，最有实际意义的就是纪念郝校长100周年诞辰的活动。当时的研讨会在民族文化宫召开，演出地点是在北京工人俱乐部，推出的郝派剧目有王文祉主演的《沙陀国》，周万江主演的《醉打山门》，马永安、张学津主演的《捉放曹》，还有马永安、马增寿主演的《李七长亭》，还有一场《四郎探母》。后几个活动我们都参加了。当时是拨乱反正以后恢复了传统的剧目，北京戏校大展雄威！我参加了这么多活动，我建议刘侗院长，只要我们有机会，都要把这些老人、专家、经历者、见证者请来。上午师哥师姐的发言为什么那么感人，因为那是一种真情实感，这是最感人的。

下面就进入我的第二个专题，今天留给我们研讨会一篇论文，是我之前给孙元喜先生做的一个访谈录，前后做了十几个小时，凑成了很珍贵的访谈，名字叫《漫话"金、郝、侯"和他们的流派艺术》（见文章）。

主持人：下面请李月山老师发言。

李月山：首先介绍一下，我是郝寿臣校长末一批学生，我是 1958 年进戏校。看今天的来宾，师哥师姐众多，有些人我还不大熟悉，我的发言讲得不对的地方希望大家指正，我只是表达我真实的心情，我个人的感受，不代表任何人。

我们的校长是从旧社会过来的，但是他拥护党的领导，他对学生的教育全是按党的方针政策办，一心一意在传承京剧艺术，在（学生）学戏上要求非常严格。我们都是口传心授。原本在学校上课，后来他身体不好，学校给我们打月票，天天到他家学戏。当时学校的老师都是富连成的精英，全是有能耐的，大师级的艺术家太多了。我们的花脸演员，在座的师哥王福来、周万江，他们也都有体会。

再说郝派艺术。我有一些粗浅的认识。简单说，金先生以嗓子取胜，嗓音洪亮，堪称金嗓子。侯先生被誉为"活曹操"，以工架为主，讲人物。郝校长是什么，郝老的条件正好取这二位的中间，架子花脸铜锤唱。我认为郝老这个太高了，他既能唱一些铜锤，也能唱一些架子。三人各有不同，因此金、郝、侯是各有所长。什么叫架子花脸铜锤唱？我举一个例子，当初师哥们唱《黄一刀》非常出色。校长的唱，讲究一个刚，他虽然是要求额音，也讲究刚音，我是这么理解的。

他对孩子非常地喜欢，非常地爱护。校长在家认真给我们说戏，听我们吊嗓子都没气力，校长说："你们都没气，来吧，吃块点心，要不上屋里拿块糖。"还有一个小故事，当时每月交 13 块钱学费，我们家 8 个孩子交不起那么多钱，当时张老师让我们不吃早点。校长知道后急了，穿上鞋就去找张老师，结果没出三天，我们的伙食费有的减 5 块，有的减 10 块。

我有一个建议，学校在培养学生的时候，最关键在于严肃认真地打基础。打基础是第一位，基础不瓷实，想出好角太难了。基础瓷实了，到毕业学哪派不敢说拿来就会，但会方便很多，因为有底子，能理解。同时让他们多听多看，找一些高人，不要先急于学某派。我希望学生还是在一至三年级学一些折子戏，各种折子戏，有以唱为主，有以念为主表现人物，三年级以后用一些大戏来培养，行当与行当产生交流，台上才有感觉。再成熟一点的学生再让他们了解这些大师的成长历程，比如什么是架子花脸，铜锤怎么唱，让他脑子里有一个概念，我觉得更有好处。最后希望我们学校培养出更多的人才，为国家贡献更大的力量，谢谢。

主持人：下面请刘学忠老师发言。

刘学忠：尊敬的领导，大家下午好。我是一个最小的小字辈，是曾孙辈的学员，真的无法用语言来表达我对老先生的崇敬。今天一天非常兴奋，听到各位老师讲的鲜活的故事，使我眼前充满了画面感。我是做电视导演的，在央视工作了十几年，一直在央视戏曲频道从事相关栏目的制作。跟郝家结缘是在纪念郝寿臣先生125周年诞辰的时候，那时候郝春荣老师有一位高足，是我国著名的戏曲制作人兼主持人白燕升先生，他给我写了一封信，想在125周年的时候做一个关于郝寿臣先生的专题片。我接受了这份任务，走进了光明楼的郝家。当时郝德元老爷爷已身体欠佳，语言表达不是特别通畅。我们在那里，和各位老师集聚一堂商讨专题片的创作。商讨过后，我们走进了郝家的大院，也还原了一些郝老的生前影像，由郝天慈三大爷来演郝寿臣老先生，也特别神似。在这个过程中，有很多我个人的感受。首先谈一下郝老的德行操守。我在创作郝寿臣专题片的时候，认为一定要听到他多方面的信息，才能创造出一个有血有肉有着坚定性格特征的郝寿臣。结果我听到的全都是他的严谨，他对自我的严格要求。我们从两个方面发现他治学严谨。我看到了一张照片，郝寿臣给学生说戏，学生穿着斗袍，戴着髯口，勒着网子，这个对我印象太深了。大家都知道，唱戏您再怎么学，您戴上傻一半。郝老在那个年代，他让你勒上网子，当然没扣上盔头，

149

那个学生就形成了一种舞台下的学习中的制约。现在形成了什么风气？我到很多戏校去看，唱花脸的学生，各种沙马特，根本不像一个唱戏的学生了。郝老那个照片里没有。师是师，徒是徒，学生是学生，摆得非常清晰。这种严谨的教学风格也对我们有一些影响。我小时候也是学花脸的，我深有感触。我们是不是应该把这种精神传承下去，因为毕竟学员长大要上台。另外，郝寿臣脸谱集对我的感受最大。《郝寿臣脸谱集》图片不多，但是人家对于勾法，对于下笔、用色都有严谨的笔录，怎么勾怎么画让你不会出格，这种严谨的治学方式也是后世应该去学习的。

另一个就是德艺双馨，刚才提到德行操守，我想说说德艺双馨的传承。提到纪念 125 周年诞辰的时候，不得不感谢一下北京市国际艺术传承促进会，我是他们的常务理事，我们也通过一些社会渠道筹集了一笔资金，搞了四出折子戏的演出，少海老师，万江老师，王福来老师，如昆老师，连仲老师都给予了很大的支持。特别是在戏校排练的时候，学生排练非常辛苦。我觉得，这种精神出现在北京戏校，这是在郝校长的心的感召下传承下来的。再传弟子杨赤先生，人家自己带着跟班的，没有跟我们提过任何条件，自己花钱。他跟少海大爷说过一句话："纪念我师爷爷义不容辞。"这也印证了刚才少海大爷说 800 元电影的劳务给郝老出了一本书，同样也是对郝老精神更大的传承。作为后辈我只能通过自己的感受去聊一些对郝老、对传承的一些粗浅的看法，谢谢大家。

主持人：下面请刘慰东老师发言。

刘慰东：题目：《郝寿臣对京剧净行的自觉性建构》（见文章）

主持人：下面请刘新阳老师发言。

刘新阳：题目：《郝寿臣教学思想的进步意识与当代意义》（见文章）

主持人：下面请周传家老师发言。

周传家：京剧艺术博大精深，个人才疏学浅，特别是对净角艺术，对郝派艺术知道得更少。听了这么多表演艺术家非常朴实，非常细致，非常真实，充满了干货的介绍，有血肉的郝寿臣先生走进我的视野之中。郝寿臣先生是一个著名的京剧表演艺术家，是一个戏曲教育家，也是一个戏曲实践家。在他身上集中体现了中国艺人最优秀的品质。他有着苦难的童年，他有着艰苦的历练，他有着传奇般的人生。我看到一个材料说，他当年在大街上被八国联军抓去当差，到德国使馆做饭打杂，在这个过程中学了德语、英语、俄语。他居然能学会三种外语，这个太令人吃惊了。他后来因为没有背景，没有关系，没有靠山，到东北流浪，三进三出，到朝鲜去演戏，在这个过程当中磨炼了自己的意志，为后来成为一个伟大的艺术家打下了一个非常坚实的基础。

郝寿臣先生虽然在艺术道路上非常坎坷，但是他非常注重学习基础，学习昆曲，这一点对他的成长是非常有利的。通过和当时一流大家的联合到各省演出，其间他不仅有很多的艺术实践，而且通过自己的悟性，他悟出了艺术之路是完整的。一个完整的艺术人物形象，光有唱行吗？不行。光有身段行吗？也不行。为了塑造一个人物，必须诉诸他以内容。他向金秀山先生请教，虽然年龄隔了几十岁。他非常虚心去琢磨，结果悟出来一个架子花脸铜锤唱。这不是一个简单的结合，这是对艺术完整性的追求。因此他革新了净角的艺术，提升了净角的水准。郝寿臣先生一生演出了200多出戏，其中有17出曹操戏，因此有人称他为"活孟德"。他演的人物是非常复杂的，这是因为他善于观察生活。现在有很多观点认为：京剧只要有唱就行了，只要有做就成了，我们看的是玩意儿，我们欣赏的是局部的美。实际上这个话经不起推敲。郝寿臣先生把人物放在一个非常重要的位置，表明他的超越性。郝寿臣先生是一个对艺术执着追求的人，把艺术视为自己的生命。他敬畏艺术，追求高标准，从艺态度严谨，讲究货真价实，既尊重观众，也尊重艺术，光明磊落，绝不以次充好。他也绝不自轻自贱，给钱就卖，创造了十分透明的明码标价的新规。郝寿臣主张凡事都要订合同，啥事都要说得清清楚楚。我们大家刚才那么多人谈到了说郝寿臣先生是个道德家，实际上郝寿臣除了重道德，还很重规章制度。他信仰过基督教，受到一些西方文化的影响。我们中国是讲人情的社会，郝寿臣先生是一个非常真实的人，牵扯到艺术的创造和艺术的接受这些关系，他不讲虚伪的道德，什么事首先说清楚，有据可依，先小人后君子。表面上这样似乎缺乏人情味，其实他尊重的是事实，尊重的是规则，奉行的是契约精神。我们越来越感受到人情的可怕，感受到规则的重要性。胡适曾经说过：只讲道德，不讲规则的社会是很虚伪的，一个肮脏的社会，人人讲规则，最后就会变成一个有人味的正常社会，道德自然会回归。反之如果本来是一个很干净的社会，如果人人都不讲规则，不讲制度，大谈道德，谈高尚，天天没有事就谈道德，谈规范，人人大公无私，最后这个社会恐怕会堕落到一个伪君子遍地的肮脏社会。我们梨园界在过去是一个被排挤的，不被尊重的领域，在这个领域当中有很多仁人志士，有很多杰出的人才，有非常优良的传统。我们看到梨园界的水很深，有好传统。也有不好的一面，有人攻击郝寿臣要价码。正像刚才所说的，"谁人背后不说人，谁人背后不被人说"。郝寿臣先生对这些一笑置之，没有去反驳，其实郝寿臣先生的确是一个真实的，而不是戴着面具的，是一个透亮的而不是一个阴暗的，是一个德艺双馨的侠肝义胆的人物。

郝寿臣先生胆大识英雄，在别人困难的时候能给予最真诚的帮助。郝寿臣先生以人为本，他对这些学生们简直是视如己出。我觉得从郝寿臣的为人、艺术成就、他的经历，以及新中国成立后他为祖国戏曲教育事业所做出的贡献来看，他是一个特殊的人物。虽然今天开会从上午到下午很累，但是如沐春风，感觉这是一次很朴实很有干货的研讨会，没有那么多的客套话。

我觉得我们今天不仅仅是为了缅怀郝寿臣的艺术道路而回忆，从郝寿臣的成长道路可以折射出中国戏曲教育史。今天的会议主要是从三个方面可以给我们一些启示。第一是从艺做人的方面。我们可以看到郝寿臣有着那么苦难的童年，吃尽了千辛万苦他才成为大家。今天的孩子们固然面临新的时代，有很多困惑、迷茫，但是比起当年来，应该说是天壤之别。郝寿臣那个时候饭也吃不上，也没有生活的保证，他都能成才，我们今天的孩子为什么就不能学习学习这个前辈呢。现在吃饭不成问题，也不会在街上被别人抓去，郝寿臣在那个情况下都能学会两门外语，怎么今天四级都过不去。第二个，演员必须要选择好老师口传心授，才能学到真的本事。师生之间必须要互动，不仅要找好自己的老师，而且要转益多师，搭班，多演戏才能磨炼成材。第三个方面，继承在前，创新在后，不继承你就没有资格谈创新，要想创新就必须有坚实的基础，如果没有基础，那就等于缘木求鱼。如果不创新很难形成个人的风格，总是在别人的光环笼罩之下。这些都为我们今天的教育事业提供了借鉴。从理论上、方法上来讲，我完全是个外行，参加这次讨论会我才搜集郝寿臣的资料，以前就知道个零头。京剧开始并没有完全继承下来，到了后来国破家亡，京剧才承担起了这么一个重大的任务。京剧改变了"三小"的局面，出现了大量的宫廷戏、社会生活剧，使得角色逐步完善，这样使得净角或者丑角也成了京剧一个重要的角色行当。而且从观众的审美需求来看，很多人不仅仅喜欢生角旦角了，后来有人喜欢净，喜欢丑，在这个背景下，净角艺术有了突飞猛进的发展。更像王老师说的，在"十三绝"的时代还没有著名的净角或者丑角，到了后来，到了金、郝、侯三代，净角的位置才提高了，它的水平才提高了。这当然是很多艺术家共同努力的结果，但是这里面郝寿臣先生居功至伟，他是功劳最大的。

净角艺术让我们从一个角度、一个侧面、一个切入点来探讨京剧的发展史，行当的发展史，京剧表演发展史，京剧教育史。今天这么冷的天，跑这么远来到这里，非常值，谢谢大家。

主持人：下面请殷瑛老师发言。

殷瑛：各位专家，大家下午好。通过今天的研讨，郝先生的形象在我面前树起来了。刚才各位前辈都说了郝先生是一位德艺双馨的艺术家，我今天在这里坐了一天，我脑子里面的一个体会是，不仅郝先生是德艺双馨，而且他的学生，我们在座的老艺术家的感恩给我很大的感动。为什么这么说，他们可能从老师这里不光学到知识，更多的是学到老师的人品，今天在这里我受到一次很好的教育。郝先生是 1961 年仙逝，我没有机会认识他，今天感受到郝先生的艺德、人品，是值得我们永远要学习的，这是一个体会。

第二是，我今天有一些思考，我在艺术研究领域是新兵，我到上海艺术研究所不到半年，上海艺术研究所和北京的艺研所有一个共同的思考，就是如何去研究传承我们的艺术。今天我觉得北京戏曲艺术职业学院用这样的一种形式向前辈致敬，真的是值得我们学习的，所以非常感谢刘院长的邀请。回去以后我们想把这样一种研讨会的形式，它的一种深度，向老一辈艺术家的致敬能规划在我们的工作当中。谢谢各位。

主持人：下面请张燕鹰老师发言。

张燕鹰：题目《不一样的郝寿臣》（见文章）

主持人：谢谢张燕鹰老师，下面请郝寿臣先生家属代表郝天慈老师讲话。

郝天慈：尊敬的各位领导，各位艺术家，尊敬的各位与会者，大家下午好。

我先做个自我介绍，我叫郝天慈，是郝寿臣的嫡孙，男孩子里排行第三。我是北京联合大学的退休教授，从教近四十年，担任古代汉语的教学工作。遗憾的是，我没能搞京剧艺术，好在文学和艺术不分家，有千丝万缕的联系。加之从小在祖父身边成长，耳濡目染，深受熏陶，因此我对京剧艺术有一些了解。

今天听了大家的发言，我很受教育，我仿佛又回到了童年，又站到了祖父的身边，聆听他的谆谆教诲"为人态度要谦虚，待人接物要诚恳。""从小就要爱护名誉，时时处处注意做人"，仿佛又看到他心爱的书籍和剧本中写的座右铭"学到知羞处，方知艺不高"，以及格言"聪明本是道德助，道德引入聪明路，不使道德使聪明，聪明反被聪明误"。无论从他的家教还是从他的立身，都体现出一个字，这就是"德"。我觉得祖父之所以在艺术上取得成功，成为花脸的大家，主要取决于他的"德"。

下面请允许我代表郝寿臣先生的全体家属，向各位与会者表示深深的感谢。

第一，我们感谢北京戏曲艺术职业学院的刘院长，以及各位院系领导，你们在百忙之中举办了这次纪念活动，并提供了如此庄重的学术研讨平台，使与会者畅所欲言探讨郝派的艺术特色，以及京剧治学经验和教学方法，可谓功德无量，泽被后代。

第二，我们感谢各位艺术家、名家、专家和行家，你们不辞辛苦赶到这里参加今天的座谈会，我们感谢诸位对郝派艺术的厚爱和传承，对郝派艺术特色给予的高度评价，以及对郝寿臣先生治学理念和教学方法的深刻探讨和认真总结。

第三，我们感谢香河县委县政府的王书记、李县长，陈副县长，以及香河文化局的李朝民局长，感谢你们为宣传和建设家乡名人文化所做的大量实际工作。你们在香河文化艺术中心建起了郝寿臣大剧院和郝寿臣艺术展室，可以说是功在当代，利在千秋，谢谢你们所做的一切工作。

第四，我们感谢大会的组织人和工作人员，由于你们的辛勤付出使得座谈会开得如此顺利，获得圆满成功，你们辛苦了，谢谢你们了。

最后，我再次代表我们全家向与会的各位表示深深的感谢。

主持人：谢谢郝老师。通过聆听各位专家和老师的讲述，也让我们重温了郝先生精湛的表演艺术、深刻的教学思想、博大的胸怀和先进的教学理念，回顾了郝先生为学校的建设发展做出的突出贡献。同时各位专家也对郝派艺术的继承和弘扬都提出了希望和建议，我想这对提升我们戏曲教育教学的质量，构建戏曲人才培养体系也是具有非常重要的意义，再次感谢各位专家老师。下面请我们北京戏曲艺术职业学院刘侗院长做总结讲话。

刘侗：尊敬的各位专家、各位学者，一天的研讨会就要落下帷幕了。经过 26 位专家学者的讲解、描绘，为我们非常生动地勾勒出一个伟大的艺术家、教育家的形象，他应该是这样的：他老人家德高望重、胸怀宽广、学识渊博、造诣精深，艺术上精益求精、讲究规范、全面创新、传承育人，这是我心目中所描绘出来的一个伟大的艺术家郝寿臣先生的形象。郝先生用一生的努力和心血发展了京剧，滋养了艺术，哺育了后人，创新了文化，我们全体北戏师生将秉承先生的遗训和精神，努力在传统文化的传承和发展两个方面做出我们的贡献，努力为京剧艺术和社会文化建设培养出一批又一批的优秀人才。我们也将在今天研讨会的基础上，继续总结、研究和发扬郝先生的精神。在随后的时间里面，我们将做如下的工作：

第一，今天研讨会的全部成果我们将出版一本图文并茂的文集，包括我们邀请的几位专家所撰的论文，包括我们今天与会所有代表、学者们做的精彩发言，包括郝先生在历年所创造演出的一些精彩的剧照，如果能找到的话，我们去找一些他曾经有的录音，不知道有没有留下这方面宝贵的资料，我们把它汇集起来，用于传承、发展和创新。

第二，北戏将在明年稍早一点的时间段，在长安大戏院举办建校65周年的教学成果汇报展演，其中最重要的是我们对戏曲教学教育成果的汇报，这里面包括学生的汇报，也包括老师的汇报；既包括我们新创剧目的汇报，也包括我们传统的教学剧目的汇报；既有规范的教学剧目汇报，也有具有明显流派的剧目汇报，包括郝派剧目的汇报。我们有志于在北戏这块土壤上，把郝派艺术以及各个流派发扬光大。我们有志于把北戏这样一所学校建设成为中国传统文化传承发展育人的基地。我们有志于把北戏建成北京文化中心城市建设的一个品牌，建设成地区文化社会服务的一个园地和场所。

最后再次感谢与会的全体专家和亲属们，感谢你们的光临，感谢你们对北戏的支持，对京剧艺术的支持，对郝派艺术无限的厚爱，谢谢你们！

主持人：研讨会到此结束。